D0998009

Language Studies:
level 1

Unidad 1   Generaciones

Unidad 2   ¿Qué tal va todo?

P
O
R
T
A
L
E
S

4

This publication forms part of the Open University course L194/LZX194 *Portales: beginners' Spanish*. Details of this and other Open University courses can be obtained from the Course Information and Advice Centre, PO Box 724, The Open University, Milton Keynes MK7 6ZS, United Kingdom: tel. +44 (0)1908 653231, e-mail general-enquiries@open.ac.uk

Alternatively, you may visit the Open University website at http://www.open.ac.uk where you can learn more about the wide range of courses and packs offered at all levels by
The Open University.

To purchase a selection of Open University course materials visit the webshop at www.ouw.co.uk, or contact Open University Worldwide, Michael Young Building, Walton Hall, Milton Keynes MK7 6AA, United Kingdom for a brochure, tel. +44 (0)1908 858785; fax +44 (0)1908 858787; e-mail ouwenq@open.ac.uk

The Open University
Walton Hall, Milton Keynes
MK7 6AA

First published 2003. Reprinted with corrections 2005.

Copyright © 2003 The Open University

All rights reserved. No part of this publication may be reproduced, stored in a retrieval system, transmitted or utilized in any form or by any means, electronic, mechanical, photocopying, recording or otherwise, without written permission from the publisher or a licence from the Copyright Licensing Agency Ltd. Details of such licences (for reprographic reproduction) may be obtained from the Copyright Licensing Agency Ltd of 90 Tottenham Court Road, London W1T 4LP.

Open University course materials may also be made available in electronic formats for use by students of the University. All rights, including copyright and related rights and database rights, in electronic course materials and their contents are owned by or licensed to The Open University, or otherwise used by The Open University as permitted by applicable law.

In using electronic course materials and their contents you agree that your use will be solely for the purposes of following an Open University course of study or otherwise as licensed by The Open University or its assigns.

Except as permitted above you undertake not to copy, store in any medium (including electronic storage or use in a website), distribute, transmit or re-transmit, broadcast, modify or show in public such electronic materials in whole or in part without the prior consent of The Open University or in accordance with the Copyright, Designs and Patents Act 1988.

Edited, designed and typeset by The Open University.

Printed and bound in the United Kingdom by CPI, Glasgow.

ISBN 0 7492 6533 7

1.2

Contents

Unidad 1   Generaciones   5

Overview   6

Sesión 1   Este es mi tío Pepe   8

Sesión 2   La *Gitana tropical*   14

Sesión 3   Lleva unos pantalones negros   20

Sesión 4   El día del abuelo   24

Sesión 5   Yo soy rebelde   28

Sesión 6   ¡Vivan los novios!   33

Sesión 7   Los reyes magos   38

Sesión 8   ¿Vamos al parque?   43

Sesión 9   Repaso   46

Sesión 10   ¡A prueba!   51

Clave   56

Unidad 2   ¿Qué tal va todo?   65

Overview   66

Sesión 1   Estoy muy contenta   68

Sesión 2   En la carretera   72

Sesión 3   Está pensando   78

Sesión 4   En la biblioteca   83

Sesión 5   Estamos conectados   88

Sesión 6   He ido a la playa   92

Sesión 7   Toco la flauta   97

Sesión 8   Querida Mónica: 102

Sesión 9   Repaso   106

Sesión 10   ¡A prueba!   113

Clave   117

Transcripciones   126

A guide to Spanish instructions   144

Course team list

Course team

Inma Álvarez Puente (academic)

Michael Britton (editor)

Concha Furnborough (academic)

María Iturri Franco (course chair/academic)

Martha Lucía Quintero Gamboa (secretary)

Enilce Northcote-Rojas (secretary)

Cristina Ros i Solé (course chair/academic)

Fernando Rosell Aguilar (academic)

Malihe Sanatian (course manager)

Sean Scrivener (editor)

Mike Truman (academic)

Olwyn Williams (administrator)

Production team

Ann Carter (print buying controller)

Jonathan Davies (design group co-ordinator)

Janis Gilbert (graphic artist)

Pam Higgins (designer)

Tara Marshall (print buying co-ordinator)

Jon Owen (graphic artist)

Deana Plummer (picture researcher)

Natalia Wilson (production administrator)

BBC production

William Moult (audio producer)

Consultant authors

Rosa Calbet Bonet (Book 4)

Manuel Frutos Pérez

Concha Furnborough

Peter Furnborough

Consuelo Rivera Fuentes

Elvira Sancho Insenser

Gloria Gutiérrez Almarza (*Espejo cultural*)

Alicia Peña Calvo (*Espejo cultural*)

Contributors

Lina Adinolfi

Anna Comas-Quinn

Sue Hewer

Ricard Huerta

Gabriela Larson Briceño

Raquel Mardomingo Rodríguez

Carol Styles Carvajal

Roger Zanni (cartoons)

Critical readers

Joan-Tomàs Pujolà

Gloria Gutiérrez Almarza

External assessor

Salvador Estébanez Eraso, Instituto Cervantes.

Special thanks

The course team would like to thank everyone who contributed to *Portales*. Special thanks go to Uwe Baumann, Hélène Mulphin and Christine Pleines, and to all those who took part in the audio recordings and music.

1

Generaciones

This unit centres around the family and different age groups – grandparents, young people and children. These generations all play an important part in the social fabric of Spain and Latin America. You will hear about the role of grandparents in the family, the lifestyle of young people in Spain, the relevance of Catholic rituals like first communion and church weddings, and the most important day for many children in Spain, 6 January.

While gaining an insight into these topics, you will learn to describe people in terms of their physical appearance, character and clothes, to give opinions and advice, and to make suggestions.

OVERVIEW: GENERACIONES

Session	Language points	Vocabulary
1 Este es mi tío Pepe	• Expressing possession • Possessive adjectives	The extended family: *el nieto, la tía, el sobrino*, etc. Personal belongings: *la cartera, las gafas, las llaves*, etc.
2 La *Gitana tropical*	• Describing physical appearance • Revision of adjective agreement	Physical appearance: *delgado, fuerte, los ojos*, etc.
3 Lleva unos pantalones negros	• Describing what someone is wearing	Clothes: *el abrigo, la falda, la camisa*, etc.
4 El día del abuelo	• Describing someone's character	Character traits: *alegre, tranquilo, simpático*, etc.
5 Yo soy rebelde	• Expressing agreement and disagreement • Expressing opinions	Current affairs topics: *el medio ambiente, el consumismo, la enseñanza*, etc.
6 ¡Vivan los novios!	• Talking about preparations • Expressing obligation using *tener que* • Expressing advice using *deber*	Weddings: *la novia, la boda, el anillo*, etc.
7 Los reyes magos	• Revision of the present tense • Using direct object pronouns	Presents: *los pendientes, el pañuelo, el perfume*, etc.
8 ¿Vamos al parque?	• Making suggestions • Accepting and turning down suggestions	Time out: *la obra de teatro, el espectáculo*, etc.
9 Repaso	Revision	
10 ¡A prueba!	Test yourself	

Cultural information	Language learning tips
The Cuban painter Víctor Manuel García.	
Two contrasting regions of Chile, Magallanes and Arica.	
Grandparents in Spain. José Martí.	Pronunciation and spelling of /g/. Dealing with 'false friends'.
The new generation of young people in Spain.	
Some Catholic rites of passage.	
5 and 6 January.	Pronunciation and spelling of the sound /k/.
Going out in Santiago de Chile.	Alphabetical lists.

Sesión 1
Este es mi tío Pepe

In this session Patricio gets to know his neighbours, Paloma and Amalia, in the block of flats he is living in.

Key learning points

- Expressing possession
- Possessive adjectives

Actividad 1.1

In this activity you will revise and expand vocabulary for family members and relatives.

1   The family tree below represents Paloma's extended family. Complete the blank spaces in the boxes with the missing words for certain relatives.

Complete los espacios en blanco.

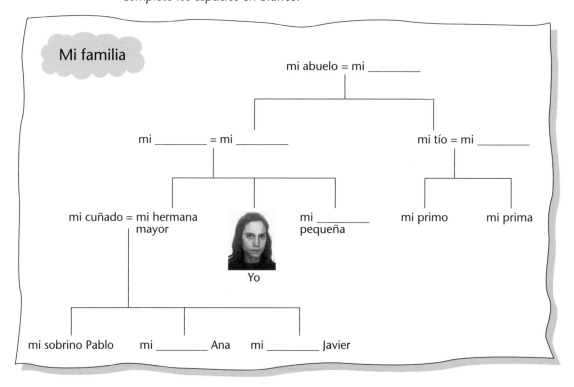

2   Listen to *Pista 2* of CD4 and do the exercise.

Escuche y participe.

Actividad 1.2 🎧

Patricio's neighbour Paloma talks about a family photograph.

1 Listen to *Pista 3* and tick the members of the family photograph that Paloma identifies.

Escuche y marque.

Español de bolsillo 🎧 (Pista 29)
¿Y este niño? ¿Quién es?   And who's this boy?
Es mi primo.   *That's my cousin.*
¿Y esta? ¿Quién es?   And who's this?
Es mi hermana, (la) mayor.   *That's my eldest sister.*

2 Listen to *Pista 3* again and complete the sentences below.

Escuche de nuevo y complete las frases.

(a) Es mi _____ Luis.

(b) Es mi _____ Raquel.

(c) Es mi _____ Amalia, la mayor.

(d) Es mi _____ .

(e) Es mi _____ . El _____ de mi _____ .

Actividad 1.3 _____

EXPRESSING POSSESSION (1): POSSESSIVE ADJECTIVES

When talking about relatives or about possessions, possessive adjectives are often used.

Esta es **mi** prima Raquel.

Este es **mi** coche.

All possessive adjectives agree in number (singular/plural) with the noun that follows them:

Estas son **mis** primas Raquel y Juana.

Nuestro (our) and *vuestro* (your, plural) not only agree in number but in gender (masculine/feminine) too:

Estas son nuest**ras** primas Raquel y Juana.

See the section on possessive adjectives in the grammar book.

Possessive adjectives			
Singular		**Plural**	
(tío)	(tía)	(tíos)	(tías)
mi		mis	
tu		tus	
su		sus	
nuestro	nuestra	nuestros	nuestras
vuestro	vuestra	vuestros	vuestras
su		sus	

Mis tíos means either my 'aunt and uncle' or 'my aunts and uncles'.

Mis primos means 'my cousins', male and female. But if your cousins were all female, you would say *mis primas*.

Complete the following sentences with the appropriate form of the possessive adjective in brackets.

Complete las frases.

(a) (nuestro) _____ casa es muy grande.

(b) Ana, ¿dónde viven (tu) _____ padres?

(c) (mi) _____ hermana mayor vive en Chile.

(d) ¿(vuestro) _____ hijas están casadas?

(e) ¿Cómo se llaman (su) _____ nietos?

mellizos (los)   (f) (nuestro) _____ hija tiene mellizos.
twins

Remember that *su(s)* can refer to both *él/ella/ellos/ellas* and also to *usted/ustedes*. You can usually tell from the context which is being referred to.

Actividad 1.4 🎧

Amalia, Paloma and Patricio are invited to a party. Amalia is very keen to meet someone.

¡Oye!
Hey! (informal form of Oiga)

¡Vaya!
What a pity!

¡Qué simpático!
[= How nice!]
He's very nice/ friendly!

preséntame a
introduce me to

1 Listen to *Pista 4*. The host and Amalia discuss which of the guests to introduce her to. Who do they decide on in the end?

Escuche y conteste.

Español de bolsillo 🎧 *(Pista 30)*

¿Está casado? *Is he married?*

Es soltero. *He's single.*

Está separado. *He's separated.*

Está divorciado. *He's divorced.*

Está viudo. *He's a widower.*

Tiene pareja. *He/She's got a partner.*

2 In the dialogues you have just listened to, Amalia and the host talked about three people. Listen to *Pista 4* again and mark which of the following statements about each person is true and which is false.

Escuche y marque: ¿verdadero o falso?

	Verdadero	Falso
(a) (tío Pepe) Está viudo.	❏	❏
(b) (hermano de la novia) Está separado.	❏	❏
(c) (primo Juan) No está casado pero tiene pareja.	❏	❏

novia (la)
*girlfriend
(also: bride)*

Actividad 1.5 🎧

EXPRESSING POSSESSION (2)

To talk about family relations or about possession in general you often need to link two nouns with the preposition *de*. This is the equivalent to the English **'s**, in phrases like 'Patricio**'s** house' or 'my wife**'s** son'.

la casa **de** Patricio

el hijo **de** mi mujer

1   The party is over. Here is a list of objects the guests have left behind. Look at the drawing and tick the objects that you can see from the list.

Marque los objetos.

(a) las gafas ☐   (f) el paraguas ☐

(b) el bolso ☐   (g) el móvil ☐

(c) las llaves ☐   (h) la chaqueta ☐

(d) la cartera ☐   (i) la agenda ☐

(e) los guantes ☐

2   Now listen to *Pista 5* and say to whom each object belongs.

Escuche y participe.

EspejoCultural

It's interesting to reflect on how the physical 'distance' or 'closeness' between people varies in different situations.

1   Look at these three photos and write down which photo is being referred to in each of the statements below.

Mire las fotos y elija.

Ejemplo

(a) – (i)

(a) Están en un puesto de un mercado.

(b) Están en un bar.

(c) Están en casa.

(d) Son hermana y hermano.

(e) Son amigos.

(f) Son vendedor y cliente.

(g) Es una situación familiar.

(h) Es una situación social.

(j) Es una situación pública.

(i)

(ii)

(iii)

2   How is 'distance' or 'closeness' marked in your culture? Indicate whether the following actions are appropriate in a public, social or family context in your own culture by ticking the appropriate box(es). If not applicable to any situation, say so.

Indique: ¿público, social o familiar?

	Public	Social	Family
(a) Using a formal form of address	❑	❑	❑
(b) Greeting with a handshake	❑	❑	❑
(c) Greeting with a kiss	❑	❑	❑
(d) Greeting just verbally	❑	❑	❑
(e) Physical contact when talking to someone	❑	❑	❑

Léxico básico

agenda (la)	*diary*	novio (el)	*boyfriend*
bolso (el)	*handbag*	paraguas (el)	*umbrella*
cartera (la)	*wallet*	primo, -a (el, la)	*cousin*
cuñada (la)	*sister-in-law*	separado	*separated*
cuñado (el)	*brother-in-law*	sobrina (la)	*niece*
gafas (las)	*glasses*	sobrino (el)	*nephew*
llave (la)	*key*	tía (la)	*aunt*
el/la mayor	*the eldest*	tío (el)	*uncle*
mayor	*elder*	viuda (la)	*widow*
nieta (la)	*granddaughter*	viudo (el)	*widower*
nieto (el)	*grandson*	viudo	*widowed*
novia (la)	*girlfriend*		

Sesión 2
La *Gitana* tropical

Isabel and Àgata decide to have a break from the theatre company to go to Cuba for a week. First they go to Santiago de Cuba, and then they visit the great Museo Nacional de Bellas Artes in Havana.

Key learning points

- Describing physical appearance
- Revision of adjective agreement

Actividad 2.1

While Isabel and Àgata are in Santiago de Cuba, they come across a funfair. They decide to have a break from sightseeing and go into the funny mirrors for a laugh.

1　Listen to *Pista 6* and follow Àgata's extraordinary transformations in the mirrors.

Escuche y mire los dibujos.

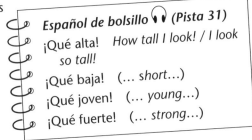

Español de bolsillo (Pista 31)

¡Qué alta!　*How tall I look! / I look so tall!*

¡Qué baja!　(*… short…*)

¡Qué joven!　(*… young…*)

¡Qué fuerte!　(*… strong…*)

(a) (b) (c)

(d) (e) (f)

(g) (h) (i)

2 Listen to *Pista 6* again and write the appropriate adjective from the box under each mirror above.

Escuche y escriba los adjetivos.

> gorda • delgada • alta • baja • guapa • fea
> • joven • mayor • fuerte

3 Listen to *Pista 6* once more and repeat each exclamation after you hear it.

Escuche y repita.

Actividad 2.2

1 Expand the elements of each sentence below to form a description of each fictional or mythical character. Remember to make the adjective agree with the subject.

Forme frases completas.

Ejemplo

Don Quijote / alto / delgado

Don Quijote es alto y delgado.

(a) Sancho Panza / gordito / bajito

(b) Carmen y Don Juan Tenorio / guapo / jóven

(c) Hércules y Sansón / fuerte

(d) Matusalén / mayor

Cenicienta
Cinderella

(e) las hermanas de Cenicienta / feo

(f) las figuras de El Greco / alto / delgado

THE USE OF DIMINUTIVES IN DESCRIPTIONS

Adjectives like *bajo, gordo,* or *pequeño* are often used in their diminutive forms *bajito, gordito* and *pequeñito.* The ending *–ito/a,* means 'little', and (in this context) is added to avoid sounding rude or offensive.

---

novio (el)
boyfriend

2 Listen to *Pista 7* and answer the questions about your new neighbours.

Escuche y responda.

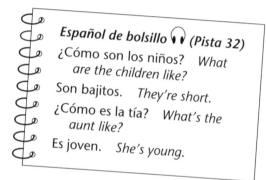

Español de bolsillo (Pista 32)
¿Cómo son los niños? *What are the children like?*
Son bajitos. *They're short.*
¿Cómo es la tía? *What's the aunt like?*
Es joven. *She's young.*

Actividad 2.3

Here you will learn to describe the features of the face and head.

1 Isabel is now in Havana, where the image of the Argentinian-born Che Guevara is everywhere to be seen. Look at the graphic on the opposite page and write in the missing definite articles (*el, la, los, las*) for each part of the face and head listed. You will check your answers in the next step.

Escriba los artículos.

It's generally best to try to hazard a guess, following the patterns or rules you know, before resorting to using a dictionary.

2 Listen to *Pista 8* to check your answers, and repeat.

Escuche, compruebe y repita.

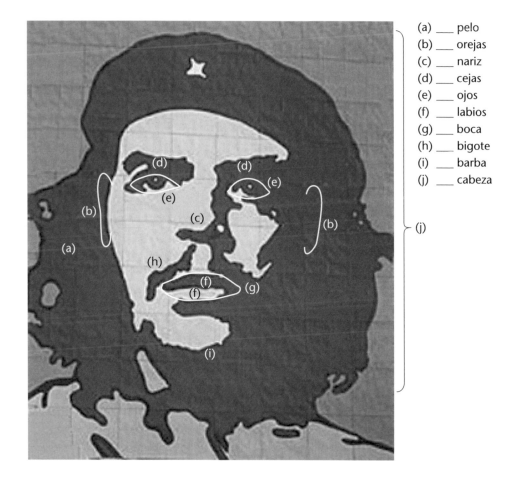

(a) ___ pelo
(b) ___ orejas
(c) ___ nariz
(d) ___ cejas
(e) ___ ojos
(f) ___ labios
(g) ___ boca
(h) ___ bigote
(i) ___ barba
(j) ___ cabeza

3 Complete this description of the photograph of Che Guevara by choosing the appropriate adjective.

Complete esta descripción.

(a) Es _____.

    (i) joven (ii) mayor

(b) Tiene el pelo _____.

    (i) largo y rizado (ii) corto y liso

(c) Tiene el pelo_____.

    (i) moreno (ii) rubio

(d) Tiene los ojos _____.

    (i) claros (ii) oscuros

(e) Tiene la boca _____.

    (i) grande (ii) pequeña

pelo rizado (el)
curly

pelo liso (el)
straight hair

moreno
*dark-skinned/
dark-haired*

rubio
blond

ojos claros (los)
*blue/green/grey
eyes (i.e. not
brown)*

DESCRIBING PHYSICAL APPEARANCE

The verbs *ser* and *tener* are often used to describe physical appearance:

> **Es** alta y fuerte.

> **Tiene** el pelo negro.

The definite article (*el, la, los, las*) is used when referring to parts of the body:

> Tiene **los** ojos oscuros y **la** boca grande.

Actividad 2.4

VÍCTOR MANUEL GARCÍA

The Cuban painter Víctor Manuel García (1897–1969) painted many portraits of mixed-race women, and he called these pictures *gitanas* ('gypsies'). The most famous one is *Gitana tropical*, popularly known as *La gioconda americana* ('the American Mona Lisa'), which is in the Museo Nacional de Bellas Artes in Havana.

1 Complete this postcard from Isabel to a friend of hers by finishing her description of the portrait *Gitana tropical*. (You will hear a model answer in step 2.)

Complete esta postal.

Querida Gemma:

¿Qué tal estás?

Yo estoy muy bien. Estoy fascinada con un retrato cubano, La Gitana Tropical. ¿Lo conoces?

Es un cuadro de una mujer joven y...

2 Listen to *Pista 9,* which is a description of the picture.

Escuche la descripción.

Léxico básico

barba (la)	*beard*	largo	*long*
bigote (el)	*moustache*	liso	*straight*
boca (la)	*mouth*	mayor	*old (also: elder; older)*
cara (la)	*face*	moreno	*brown, dark*
cejas (las)	*eyebrows*	nariz (la)	*nose*
corto	*short*	novio (el)	*boyfriend*
delgado	*thin*	ojos (los)	*eyes*
fuerte	*strong*	orejas (las)	*ears*
gordo	*fat*	oscuro	*dark*
guapa	*pretty*	pelo (el)	*hair*
guapo	*handsome*	rizado	*curly*
labios (los)	*lips*	rubio	*blonde*

Sesión 3
Lleva unos pantalones negros

In this session, Isabel packs her suitcase again to go on a trip to one of Chile's most captivating national parks, Torres del Paine, in the Magallanes region of southern Chile.

Key learning point

* Describing what someone is wearing

Actividad 3.1

Here you will be introduced to some vocabulary for clothes.

Look through the old laundry service list from a hotel, on the opposite page, and tick in the *Cantidad* column what clothes you are wearing today.

Mire y marque con una cruz.

Parque Nacional Torres del Paine

El extremo sur de Chile, a unos 3.300 km de Santiago, es una zona de glaciares, lagos, bosques y cataratas. Las torres son pilares de granito de una altura de 2.000 metros, en medio de la estepa patagónica. En invierno todo está cubierto de nieve.

Actividad 3.2

Isabel has just won a competition on Radio Pudahuel, a Chilean radio station. The prize is a weekend in either the Torres del Paine National Park in the south or Arica in the north. Read the information below about each place and write down a list of particular items of clothing that Isabel would need to take with her to suit the climate of each place.

Lea y escriba una lista.

> **Torres del Paine:**…
>
> **Arica:**…

---

bosque (el)
forest, wood

en medio de
in the middle of

estepa (la)
steppes, grasslands

cuenta con
it has, it boasts

Arica

Arica está a 2.062 km al norte de Santiago, muy cerca de la frontera con Perú. Cuenta con un clima privilegiado – una temperatura anual de 18 grados – y tiene unas playas maravillosas. Es una ciudad con una gran actividad comercial y turística. Tiene hoteles, un puerto muy interesante, mercados de artesanía y el mejor museo arqueológico de la zona.

Hotel
Portales ★★★

Calle Pasarela Nº 63968
Teléfono: 968 406105
E-mail:portalestr@cb.entelnet.es
Fax:511 2 445611
VALENCIA

Lavado y Limpieza en seco
Señor cliente:
• Por favor rellene su nombre, número de habitación y fecha.
• Marque la cantidad de prendas que desea enviar a la lavandería.
• La camarera recogerá su orden antes de mediodía.

Laundry and Dry cleaning
Dear Guest:
• Please fill in your name, room number and the date.
• Write the number of each one of the items you are sending to the laundry.
• The maid will pick up your order before noon.

Fecha .... Hab. Nº...

Nombre ....

Cantidad Quantity	ARTÍCULO	ITEM
	Camisa	Shirt
	Camiseta	T-shirt
	Falda	Skirt
	Pantalones	Trousers
	Vaqueros	Jeans
	Vestido	Dress
	Chaqueta	Jacket
	Suéter	Sweater
	Abrigo	Coat
	Bufanda	Scarf
	Guantes	Gloves
	Corbata	Tie
	Sujetador	Bra
	Bragas	Knickers
	Calzoncillos	Underpants
	Calcetines	Socks
	Medias	Tights
	Limpieza de calzado	Shoe cleaning
	Botas	Boots
	Zapatillas de deporte	Trainers
	Zapatos	Shoes

Actividad 3.3 🎧 _____

bañador (el)
swimming costume

también
also, too

1 Listen to *Pista 10*, in which a student answers some questions about what clothes she wears for different occasions. Complete the table below. The first has been done for you.

Escuche y complete la tabla.

Español de bolsillo 🎧 (Pista 33)

¿Qué te pones para ir a clase?
What do you wear when you go to lectures?

Unos vaqueros. *A pair of jeans.*

Y para salir, ¿qué te pones? *And what do you wear for going out (in the evening)?*

¿Y llevas guantes en invierno? *And do you wear gloves in the winter?*

* This is the diminutive *-ito* added to the word *vestido*, meaning 'little/short dress'.

¿Qué te pones...	
... para ir a clase?	Unos vaqueros y una camiseta.
... para salir?	Un vestido y _____ .
... para ir a la playa?	El bikini, _____ y un vestidito*.
... en invierno?	Guantes y _____ .

TALKING ABOUT CLOTHES

The two verbs commonly used for talking about what someone is wearing are *ponerse* (*to put on*) which is reflexive, and *llevar* (*to wear*) which is a regular *-ar* verb:

¿Qué **te pones** para jugar al tenis?

¿Qué **llevas** para ir de camping?

The indefinite article (*un, una, unos, unas*) is generally used with clothes.

(Llevo) **unos** vaqueros.

PONERSE	
me pongo	nos ponemos
te pones	os ponéis
se pone	se ponen

---

2 Now answer this survey on clothes.

Conteste este cuestionario.

ir a la moda
to follow the latest fashion, be fashionably dressed

(a) ¿Le gusta ir a la moda?

(b) ¿Cuándo suele comprar ropa?

(c) ¿Dónde suele comprar su ropa?

(d) ¿Qué ropa lleva en invierno?

(e) ¿Qué ropa lleva en verano?

pijama (el)
(a pair of) pyjamas

ropa ligera (la)
light clothing

sandalias (las)
sandals

boda (la)
wedding

sospechoso (el)
suspect

a la vista
in sight

hacia aquí
this way (lit: *towards here*)

3 Listen to *Pista 11* and answer the questions about clothes.

Escuche y conteste.

Actividad 3.4 🎧

In the end, Isabel decided to go to Torres del Paine. She is staying in a hotel near the town of Punta Arenas. But all is not right in the hotel…

> **Español de bolsillo** 🎧 (Pista 34)
>
> ¿Qué ropa lleva?   *What (clothes) is he wearing?*
>
> Lleva unos pantalones negros.   *He's wearing black trousers.*
>
> Lleva unas gafas de sol.   *He's wearing sunglasses.*

1 Listen to *Pista 12*, in which two police officers, Raúl and Samanta, are in the hotel lobby talking about a suspect. Who does Samanta describe?

Escuche y conteste.

2 Listen again to *Pista 12* and tick the photograph below that corresponds to the description by Samanta.

Escuche de nuevo y marque con una cruz.

(a)

(b)

3 Describe the man in the other photograph (i.e. the man that was *not* Raúl) and record your description.

Describa y grábese en su cinta.

Léxico básico

abrigo (el)	*coat*	guantes (los)	*gloves*
bañador (el)	*swimming costume*	pantalones (los)	*trousers*
bufanda (la)	*scarf*	pijama(s) (el)	*pyjamas*
calcetines (los)	*socks*	ropa (la)	*clothes*
calzoncillos (los)	*underpants*	vaqueros (los)	*jeans*
camisa (la)	*shirt*	vestido (el)	*dress*
camiseta (la)	*T-shirt*	zapatillas de	
chaqueta (la)	*jacket*	deporte (las)	*trainers*
corbata (la)	*tie*	zapatos (los)	*shoes*
falda (la)	*skirt*		

Sesión 4

El día del abuelo

In this session you will look at personality and character, in the form of grandchildren's opinions of their grandparents, regional character traits and contrasting adjectives for describing personal qualities.

Key learning point

* Describing someone's character

Actividad 4.1

In a senior citizens' club in Valencia called *La Tercera Juventud*, a photography exhibition has been organised to mark the Day of the Grandparent (*El día del Abuelo*) in Spain, 26 July. Read the following descriptions of grandparents by their grandchildren and match each underlined word with the appropriate translation from the box. The first has been done for you.

Lea y enlace.

Ejemplo

divertida – fun

affectionate • stubborn • absentminded • funny • amusing • nice

me río
I laugh

pierde
he loses

abrazar
to hug

(a)

"Solo tengo una abuela, y esta es mi abuela preferida. Me río mucho con mi abuela porque es muy <u>divertida</u> y <u>graciosa</u>".
Olga 5 años

(b)

(c)

"Me gusta mucho ir a la casa de mi abuelo y Curro es un perro muy <u>simpático</u>. El abuelo siempre, siempre pierde las llaves de su casa. Mamá dice que es <u>despistado</u>".
Gabriela, 10 años.

"Este es mi abuelo Bonifacio. Él es muy moderno, hace la compra por internet. Pero es muy <u>cariñoso</u>. Le encanta abrazarnos".
Fernando, 8 años.

(d)

"Mi abuela Cusi me dice muchas veces: "Eres <u>terca</u> como una mula", pero yo sé que me quiere mucho".
Clara, 6 años.

THE ROLE OF GRANDPARENTS IN SPAIN

Although nowadays only one in ten grandparents in Spain live with their children, they remain an invaluable support for the working family in Spain. Grandparents have traditionally tended to live near their children and grandchilden and often look after the grandchildren after school or during the holidays. Some grandparents, however, are now wearing T-shirts saying *Estamos ocupados* ('We're busy'), so that they don't get saddled with the childcare!

Actividad 4.2

Any occasion in Valencia calls for a celebration. Is this a regional character trait? Listen to *Pista 13* and fill in the gaps. Check your answer in the transcript.

Escuche y complete.

¿Cómo son los valencianos?

festivo, festero
party-loving
amable
kind, warm

(a) Pues, _____ , abiertos, muy festivos y _____ .

(b) Pues, _____ y festeros.

(c) Los valencianos... ¡uy!, pues los valencianos somos amables, somos _____ .

Actividad 4.3

A useful way of learning adjectives of character is to group them into pairs of opposites.

1   Match the adjectives with their opposites.

Enlace los adjectivos.

(a) cerrada   (i)   alegre

(b) antipática   (ii)   divertida

(c) aburrida   (iii) tranquila

(d) seria   (iv)   abierta

(e) nerviosa   (v)   simpática

2   Now use each pair of matched opposites to describe the character of two female twins. Write sentences following the example below.

Describa.

Ejemplo

(a) No son cerradas. Son abiertas.

3   Listen to *Pista 14* and reply to the questions about a friend.

Escuche y participe.

Actividad 4.4 🎧

Now you will practise the /g/ sound and sing a famous Cuban song.

SPELLING AND PRONUNCIATION OF THE SOUND /G/

The /g/ sound, which is present in English words like 'guitar' or 'gate', is spelt in the following two ways:

- *g* when followed by the letters *a, o, u*:

  gato   Gonzalo   Guadalajara

- *gu* when followed by the letters *e* or *i*:

  guerra   guitarra

Remember that *ge* or *gi* is pronounced the same as *je* or *ji,* a throaty sound:

  general   gimnasio   Egipto

---

guisa
he/she cooks

1   Listen to *Pista 15* and repeat the words you hear.

Escuche y repita.

2   Listen again and write down the words. Check your answers in the transcript.

Escuche de nuevo y escriba.

morirme
to die

versos (los)
poems

alma (el
feminine)
soul

montes (los)
mountains

3   You will now hear the song *Guantanamera*, with lyrics based on poetry by the famous Cuban poet and revolutionary, José Martí (1853–1895). It is about the region of Cuba he came from, Guantánamo, on the southern tip of the island. The word *guajira* that you will hear in the song is the name of a Cuban musical genre.

Listen to *Pista 16*, and if you wish, sing along with the transcript!

Escuche y cante.

Enpocas**palabras**

D

Dictionary skills: dealing with 'false friends'

Some Spanish words may look similar to words in your language but in fact have a different meaning. It is wise to double-check these in the dictionary and make a note of them.

Use your dictionary to translate the words in bold.

Traduzca con el diccionario.

(a) Es muy **sensible**.

(b) Es **sensato**.

(c) Es un **pariente** de Juan.

(d) Es **simpática**.

(e) Está **embarazada**.

(f) Está **constipado**.

Vocabulary extension

Many adjectives of character derive from nouns. Complete these sentences with an adjective related to the nouns in bold.

Complete las frases.

> ### Ejemplo
>
> La **seriedad** es un aspecto de su carácter. Es *serio*.

(a) María tiene **simpatía**. Es _____.

(b) Raquel tiene mucha **gracia**. Es _____.

(c) Emilia da mucho **cariño**. Es _____.

(d) Mis padres tienen muchos **despistes**. Son _____.

(e) Mi abuela vive con **alegría**. Es _____.

(f) Elena tiene mucha **inteligencia**. Es _____.

Léxico básico

aburrido	*boring*		gracioso	*funny*
alegre	*lively*		nervioso	*nervous*
amable	*kind*		serio	*serious*
antipático	*unpleasant*		simpático	*nice*
cariñoso	*affectionate*		terco	*stubborn*
despistado	*vague, absent-minded*		tranquilo	*calm*
divertido	*amusing*			

Sesión 5
Yo soy rebelde

This session looks at the lifestyle of Spanish youth and their views on several current issues.

Key learning points

- Expressing agreement and disagreement
- Expressing opinions

Actividad 5.1

In this activity you will read a newspaper cutting about young Spaniards.

1 Read the text and underline the words or phrases that correspond to the following statements.

Lea y subraye.

consumista
materialistic

(a) Los jóvenes son consumistas.

(b) No son religiosos.

(c) No les interesa la política.

(d) Hablan más de una lengua.

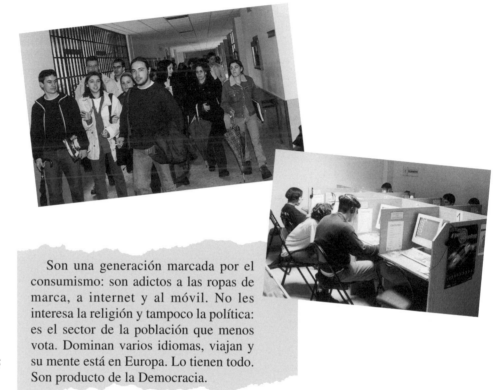

marcada por
marked by
consumismo
(el)
materialism
ropa de marca
designer clothes
tampoco
neither

Son una generación marcada por el consumismo: son adictos a las ropas de marca, a internet y al móvil. No les interesa la religión y tampoco la política: es el sector de la población que menos vota. Dominan varios idiomas, viajan y su mente está en Europa. Lo tienen todo. Son producto de la Democracia.

(Adapted from *'Jóvenes del 2000'* by Mariló Hidalgo, http://www.revistafusion.com, issue 84)

EXPRESSING AGREEMENT OR DISAGREEMENT

Here are some common expressions:

Agreement	Estoy de acuerdo. Tienes razón. Es verdad. Efectivamente.
Disagreement	No estoy de acuerdo. Creo que no. No (lo) creo.
It depends	Depende. Según.

You can put *sí* or *no* at the start for emphasis:

Sí, estoy de acuerdo.

No, no estoy de acuerdo.

2   Now express agreement or disagreement about the statements from step 1 with regard to young people in **your** country.

Exprese su acuerdo o desacuerdo.

Actividad 5.2

1   Read the following quotes from newspaper article headlines and say whether you agree with them or not.

Lea y diga si está de acuerdo.

Ejemplo

lo más
importante
*the most
important thing*

"Lo más importante de un colegio es la disciplina".

Estoy de acuerdo./ Sí, estoy de acuerdo.

chica (la)
girl
chico (el)
boy

(a)   "Las chicas estudian más que los chicos".

(b)   "La internet es el mejor avance del siglo XX".

educativo
educational

(c)   "La televisión es muy educativa".

paro (el) (Sp)
unemployment

(d)   **"El peor problema de nuestro país es el paro".**

There are a number of nouns that end in -*a* but are masculine, not feminine, e.g. *el problema, el tema, el sistema*.

2 Listen to *Pista 17,* in which some students are being asked about these issues. Complete the table with *sí, no* or *depende,* according to whether the speaker agrees, disagrees or says 'it depends'. Two have been done for you.

Escuche y complete esta tabla.

	Estudiante 1	Estudiante 2	Estudiante 3
(a) La TV es muy educativa.	No.		
(b) Las chicas estudian más que los chicos.	Depende.		
(c) El peor problema de España es el paro.			
(d) La internet es el mejor avance tecnológico del siglo XX.			

3 Listen to *Pista 18* and express your agreement or disagreement with the topics you hear. You may use any of the expressions you have learned in this session.

Escuche y participe.

Actividad 5.3 🎧

Now you will learn to express opinions.

en la actualidad
nowadays

barata
cheap

fácil
easy

en algunas
ocasiones
*on some
occasions*

encuentro que
*I find/think
(that)*

1 Listen to *Pista 19* where some people are asked about their opinions on whether violence is justified in the arts. Indicate whether the following statements are true or false.

Escuche y marque: ¿verdadero o falso?

	Verdadero	Falso
(a) La primera persona piensa que la violencia no es justificable.	❏	❏
(b) La segunda persona cree que la violencia es justificable.	❏	❏
(c) La tercera persona cree que la violencia en el cine es absurda.	❏	❏

EXPRESSING OPINIONS

There are different ways of giving opinions. Two of the most common verbs used are *creer* and *pensar*. They are followed by the word *que* meaning 'that…'.

> **Creo que** el paro es un problema muy serio.

> **Pienso que** la internet es el mejor avance del siglo XX.

Negative opinions can be expressed as follows:

> Creo que el paro **no** es un problema muy serio.

> Pienso que **no** es el mejor avance del siglo.

The personal pronoun *yo* can be used to give emphasis to a personal view.

> **Yo** pienso que la internet…

Another verb very commonly used to express opinion is *parecer* (to seem), which follows a pattern similar to *gustar*, because it requires a pronoun before the verb:

> **Me parece que** la educación es un tema importante.

pensar (pienso) is a radical changing verb.

tema (el) subject

Impersonal use of *PARECER*	
me parece	nos parece
te parece	os parece
le parece	les parece

2   You will now express your opinions on different topics. Choose any of the three options offered to finish the sentences below and then write them out as full sentences. Use *pensar que*, *creer que*, or *parecer que* to start each sentence.

Termine las siguientes frases y dé su opinión.

Ejemplo

La violencia en las artes…

(i)   es justificable.

(ii) no es justificable.

(iii) es justificable en algunos casos.

Yo pienso que la violencia en las artes no es justificable.

(a) Los jóvenes de hoy…

(i)   son muy conservadores.

(ii) son conservadores.

(iii) no son conservadores.

(b) El medio ambiente es…

    (i) más importante que la economía.

    (ii) menos importante que la economía.

    (iii) tan importante como la economía.

(c) La enseñanza de idiomas en los colegios…

    (i) es muy importante.

    (ii) es importante.

    (iii) no es importante.

Léxico básico

avance (el)	*advance*	jóvenes (los)	*young people*
chica (la)	*girl*	medio ambiente (el)	*environment*
chico (el)	*boy*	me parece que…	*I think…*
consumismo (el)	*materialism*	pensar	*to think*
consumista	*materialistic*	política (la)	*politics*
creer	*to believe, think*	problema (el)	*problem*
democracia (la)	*democracy*	religión (la)	*religion*
economía (la)	*economy*	tema (el)	*subject, issue*
enseñanza (la)	*teaching*	tener razón	*to be right*
estar de acuerdo	*to agree*	violencia (la)	*violence*

Sesión 6
¡Vivan los novios!

In this session you will find out about certain Catholic celebrations which are common rites of passage in Spain and Latin America.

Key learning points

- Talking about preparations
- Expressing obligation using *tener que*
- Giving advice using *deber*

Activity 6.1

Here you will find out about three social and religious celebrations.

Each of the following statements refers to all three photographs below. Look at the photographs and choose the correct option to complete each statement.

Elija la opción correcta.

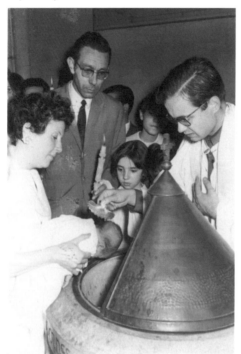  

protagonista (el/la)
central carácter, main person

cura (el)
priest

al aire libre
out of doors

(a) Los protagonistas de las fotos son…

    (i)   un bebé, un niño y una pareja.

    (ii) un bebé, dos chicos y dos abuelos.

    (iii) un bebé, un niño y un cura.

(b) Están…

    (i)   al aire libre.

    (ii) en una iglesia.

    (iii) en una casa.

(c) Las fotos corresponden a…

    (i)   una boda, un cumpleaños y un funeral.

    (ii) una primera comunión, un aniversario de boda y un bautizo.

    (iii) un bautizo, una primera comunión y una boda.

Actividad 6.2 🎧

First communion traditionally takes place in May, in Spain. It is an event eagerly anticipated by most Catholic Spanish children.

recibió
he received

1 Look at this first communion card. What do you think the purpose of the card is?

Observe esta tarjeta.

Mario Guerrero Arcario
Recibió su Primera Comunión
el día 10 de Mayo de 1.998 en la
Capilla del Colegio de Gamarra
MALAGA

catequesis (la)
catechism classes

arreglar
(here) *to arrange*

confesarse
to go to confession, to confess

2 Listen to *Pista 20* and complete the following lines of the dialogue with the infinitives you hear. Check your answer in the transcript.

Escuche y complete la transcripción.

Entrevistadora ¿Qué tienes que _____ para la primera comunión?

Niña Tengo que _____ a la catequesis. Tengo que _____ el vestido.

EXPRESSING OBLIGATION

When talking about preparations, you often list the things you have to do. Practical obligations of this kind are commonly expressed with the verb *tener que* (to have to) followed by an infinitive:

Tengo que comprar el traje.

(Remember that *tener que* is also used to express requirements:

La casa tiene que estar cerca del mar.)

TENER QUE		
tengo que		tenemos que…
tienes que… } trabajar		tenéis que… } trabajar
tiene que…		tienen que…

---

3 You have been invited to a first communion celebration in Santiago de Chile. Write down four things you need to do to prepare for the trip.

Escriba cuatro cosas.

Ejemplo

Tengo que comprar los billetes de avión.

Actividad 6.3

Here you will hear about another important ceremony – weddings. What do they involve?

1 The advertisements on the opposite page show places that provide services for planning weddings. Match each of the following wedding preparations below with the appropriate advertisement.

Observe y empareje.

(a) Reservar el viaje de novios.

(b) Comprar el ramo de flores de la novia.

(c) Elegir el anillo.

(d) Organizar la recepción o banquete.

(e) Buscar un fotógrafo.

(f) Maquillarse y peinarse (la novia).

anillo (el)
ring
recepción (la)
(wedding) reception
maquillarse
to do one's makeup
peinarse
to have one's hair styled

THE VERB *DEBER*

To convey a less immediate sense of obligation, or to give advice, the verb *deber* is used, followed by an infinitive:

Debo organizar el banquete.

The translation of *deber* can range between 'must', 'ought to' and 'have to', but its basic meaning is one of moral obligation and duty more than of external compulsion.

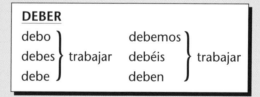

DEBER			
debo		debemos	
debes	trabajar	debéis	trabajar
debe		deben	

Infinitives of reflexive verbs

When a reflexive infinitive follows *deber* or *tener que*, the reflexive pronoun needs to agree in person with the subject:

Debes peinar**te** en la peluquería.

Tengo que despertar**me** temprano.

2 A friend of yours is getting married but has not got very far with her preparations. Advise her where to have things done, using the answers from step 1.

Dé consejos a su amigo.

Ejemplo

(a) *Debes reservar el viaje de novios en Halcón Viajes.*

(i)

Un gran jardín
también en
INVIERNO
CARPA CLIMATIZADA
Bodas y recepciones

El Olivar

ADEMUZ

El Olivar
BÉTERA

SALIDA 11
KM. 14

GASOLINERA

CLUB de Golf
ESCORPIÓN

VALENCIA

Ctra. Bétera a Ribarroja, Km. 2 - BÉTERA
Tel. 95 151 22 02 - Fax. 96 150 21 35

(ii)

HALCÓNVIAJES
Líder
con diferencia

Diferencia
en innovación

Diferencia
en exclusividad

Diferencia
en facilidades

Diferencia
en recursos

Diferencia
en número de oficinas

Diferencia
en calidad

Diferencia
en precios

Diferencia
en variedad

HALCÓN
VIAJES

TELÉFONO DE INFORMACIÓN Y RESERVAS:
902300 600

675 Oficinas a su servicio en España y Portugal.

(iii)

MARCOS ROMÁN

Joyero Artesano desde 1961
Joaquín Sorolla, 73. Tel. 96 357 4296

joyero (el)
jeweller

(iv)

■ **PELUQUERÍA**
NURIA
Burriana, 9 bajo.
Tel. 963 442 693
Lunes a sábados:
10–19 h. ininterrumpidamente.
Peluquería, maquillaje y novias.

(v)

■ **FOTÓGRAFOS**
VICENTE ROSELL
Pintor Peiró, 24
46379 El Puig, Valencia
Tel. 961 335 489 / 696 980 644
Fotógrafo oficial. Reportajes de boda.

(vi)

■ **COMPLEMENTOS FLORALES**
MARGA LUJÁN
Hernán Cortés, 87
Tel. 990 482 103 / 600 335 962
Previa cita.
Complementos florales para novias,
bodas, comuniones, arras y fiesta.
Esta diseñadora, aparte, ofrece la
posibilidad de secar ramos de novia
y flores que resulten entrañables,
conservándolas en vitrinas y fanales.

Actividad 6.4 🎧

This time you will organize your own wedding. Listen to *Pista 21* and do the exercise.

Escuche y participe.

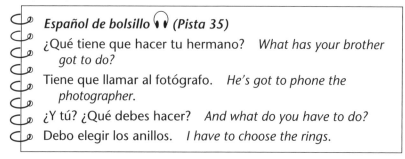

Español de bolsillo 🎧 *(Pista 35)*

¿Qué tiene que hacer tu hermano?   *What has your brother got to do?*

Tiene que llamar al fotógrafo.   *He's got to phone the photographer.*

¿Y tú? ¿Qué debes hacer?   *And what do you have to do?*

Debo elegir los anillos.   *I have to choose the rings.*

Léxico básico

anillo (el)	*ring*	novio (el)	*groom*
arreglar	*to arrange*	novios (los)	*the bride and groom*
bautizo (el)	*christening, baptism*	padrino (el)	*godfather*
boda (la)	*wedding*	peinarse	*to do / comb one's hair*
cura (el)	*priest*		
invitación (la)	*invitation*	peluquería (la)	*hairdresser's*
joyero (el)	*jeweller*	primera comunión (la)	*first communion*
madrina (la)	*godmother*		
maquillarse	*to make oneself up*	ramo de flores (el)	*bouquet*
novia (la)	*bride*	recepción (la)	*wedding reception*

Sesión 7
Los Reyes Magos

In this session you will learn about a very special day for many Spanish children, 6 January, when they open their Christmas presents in the morning.

Key learning points
- Revision of present tense
- Using direct object pronouns

Actividad 7.1

According to tradition, the three wise men (*los Reyes Magos*) deliver their presents on the night of 5 January. Here you will read a text about this tradition and you will revise the present tense of some common verbs.

1 Read the text below about the magical evening of 5 January in Spain and answer the following questions.

Lea y conteste las preguntas.

(a) ¿Cómo se llaman los Reyes Magos?

(b) ¿Cuándo son las cabalgatas?

(c) ¿Qué es un 'roscón de reyes'?

(d) ¿Cuándo ven los niños sus regalos?

Navidad (la)
Christmas

piden
they ask for

caramelos (los)
sweets

regalo (el)
present

cabalgata (la)
parade

un dulce
a cake or biscuit

bizcocho (el)
*sponge finger/
cake*

Regalos junto a los zapatos

La noche mágica

Durante la Navidad, los niños **escriben** una carta a uno de los Reyes Magos: Melchor, Gaspar y Baltasar. En esa carta **piden** regalos para ellos y para el resto de su familia. El 5 de enero, por la tarde, hay desfiles o cabalgatas por las calles de las ciudades y pueblos de España. En las cabalgatas, los reyes magos **dan** regalos, y caramelos, hay música, y muchos niños. Y mucha gente **compra** y **come** un dulce típico de esas fiestas: el roscón de reyes, un bizcocho muy rico en forma de 'o'. Dentro del roscón hay una sorpresa.

Antes de acostarse, toda la familia **pone** los zapatos en el salón. El 6 de enero los niños **se despiertan** muy temprano, y **encuentran** los regalos en sus zapatos.

Roscones de Reyes

A la atención de los Srs. Reyes Magos

Carta a los Reyes Magos

2 There are eight verbs in bold typeface in the article on page 39. In the correct row of the table, write the verb and the three forms of its present tense. Use your dictionary if you need to. One has been done for you.

Escriba.

Verb as it appears in the text	Type of verb	yo	tú	él/ella/Ud.
	Regular -*ar*			
	Regular -*er*			
	Regular -*ir*			
	Radical changing *o* → *ue* (-*ar*)			
piden	Radical changing *e* → *i* (-*ir*)	pido	pides	pide
	Reflexive (also radical changing *e* → *ie*)			
	Irregular (-*ar*)			
	Irregular (-*er*)			

Actividad 7.2 🎧

In this activity you will learn to use direct object pronouns.

1 Here are pictures of some of the things that a family wants for Christmas. Match each picture with the Spanish word for it from the box.

Escoja la palabra adecuada.

(a)

(b)

(c)

(j)

(h)

(d)

(e)

(i)	un libro
(ii)	unos pendientes
(iii)	un bolso
(iv)	unos zapatos
(v)	perfume
(vi)	unos vaqueros
(vii)	una bicicleta
(viii)	una cafetera
(ix)	un compacto

Un compacto or *un CD* (pronounced *cedé*) are less formal but very common terms for *un disco compacto.*

(g)

(f)

DIRECT OBJECT PRONOUNS

Direct object pronouns are words like 'it' and 'them' in the following sentences:

> That's a nice handbag, where did you buy **it**?

> Those are nice earrings, where did you buy **them**?

In Spanish, direct object pronouns in the third person (it/them) agree in number and gender with the object referred to. They come before the verb.

> Yo quiero **un bolso**. **Lo** quiero rojo.

> No encuentro **mis gafas**. – **Las** tienes en el bolso.

> Quiero **una bicicleta**. – ¿Cómo **la** quieres?

See the section on this type of pronoun in the grammar book.

Direct object pronouns (3rd person)	
Singular	**Plural**
lo (el bolso)	los (los libros)
la (la cafetera)	las (las gafas)

2   You are going to buy some presents for your family. Ask where you can buy each of the objects in the list below by substituting the nouns with their corresponding direct object pronouns. Follow the example.

Pregunte por cada uno de los objetos.

Ejemplo
el bolso

¿Dónde **lo** compro?

(a) el perfume

(b) los pendientes

(c) las gafas de sol

(d) la cafetera

(e) la bicicleta

(f) el CD

(g) los zapatos

(h) el libro

(i) los vaqueros

(j) la cámara

pañuelo (el)
*handkerchief
(also: scarf,
headscarf)*

lo que yo
realmente…
what I really…

3   Now listen to *Pista 22* and ask the members of the family what kind of presents they want.

Escuche y participe.

> **Español de bolsillo** 🎧 *(Pista 36)*
>
> Yo quiero un bolso.   *I want a handbag.*
>
> ¿Cómo lo quieres?   *What kind of handbag do you want?*
>
> Yo quiero unas gafas de sol.   *I want some sunglasses.*
>
> ¿Cómo las quieres?   *What sort do you want?*

Actividad 7.3

Here you will practise the spelling and pronunciation of the sound /k/.

> **SPELLING OF THE SOUND /K/**
>
> The sound /k/ is spelt with *c* before *a*, *o* and *u*:
>
> **c**asa **c**oche **c**ucaracha
>
> but it is spelt with *qu* before *e* and *i*:
>
> **qu**eso **qu**iero
>
> In a few words, it is spelt with *k*:
>
> **k**ilo **k**ilómetro

1 Some of the words below contain the sound /k/. Underline the letter(s) in each word that represent this sound.

Subraye las letras.

Ejemplo

<u>c</u>asa

casa
cocina
coche
quince
quien
izquierda
cuadro
cerca
esquina

2 Now listen to *Pista 23* and repeat the words you hear.
Escuche y repita.

3 Listen again to *Pista 23* and write the words and phrases down. Check your answers in the transcript.
Escuche y escriba.

Léxico básico

bizcocho (el)	*sponge (finger)*	pedir	*to ask for*
cámara (de fotos) (la)	*camera*	pendiente (el)	*earring*
caramelo (el)	*sweet*	perfume (el)	*perfume*
encontrar	*to find*	regalo (el)	*present, gift*
Navidad (la)	*Christmas*		
pañuelo (el)	*handkerchief / headscarf*		

Sesión 8
¿Vamos al parque?

In this session you will find out about the largest urban park in Chile, the Parque Metropolitano. You will also get a taste of the rich nightlife of Santiago.

Key learning points

- Making suggestions
- Accepting and turning down suggestions

Actividad 8.1 🎧

El Parque Metropolitano is on the hills of San Cristóbal, north of the river Mapocho, in Santiago de Chile.

1 Look at this map and pick two activities you would do on a day trip there.

Elija dos actividades.

Parque Metropolitano

(d) Subir en el teleférico

(b) nadar en la piscina

Piscina Antilén

Río Mapocho

(c) pasear por el jardín botánico

Funicular

Casa Colorada

Zoológico

(a) ir al zoológico

La Chascona

PROVIDENCIA

Barrio Bellavista

Catedral

Museo Bellas Artes

Cerro Santa Lucía

MAKING SUGGESTIONS

A common way of making a suggestion that involves yourself and other people is by simply asking a question in the present tense in the *nosotros* form. This is the equivalent of English 'Shall we... ?'.

¿**Vamos** al parque?

¿**Jugamos** a las cartas?

2 You are going with a family to the Parque Metropolitano. Using the notes written on the map, suggest four different activities to do while you are there.

Sugiera cuatro actividades.

Ejemplo

(a) *¿Vamos al zoológico?*

3 Listen to *Pista 24* and make suggestions using the prompts.

Escuche y participe.

Actividad 8.2

It's Friday night, a great time to go out in Santiago.

1 Read the following cutting from a 'What's On' magazine in Santiago, on the opposite page, and find out the following information.

Lea y busque esta información.

¿Dónde ponen...?
Where is... on?

obra de teatro (la)
play

¿Dónde...

(a) ponen una película?

(b) ponen una obra de teatro?

(c) hay un espectáculo de circo?

(d) puede escuchar música?

¿Qué espectáculo empieza...

(e) a las siete de la tarde?

(f) a las nueve de la noche?

(g) a las once de la noche?

(h) a las dos y cuarto o a las cinco menos cuarto los viernes y sábados?

2 For each of the four cultural activities advertised, make a suggestion about going out in Santiago and say at what time and where the show is.

Haga sugerencias.

Ejemplo

¿Vamos al cine? La película Hamam, El baño turco empieza a las dos y cuarto o a las cinco menos cuarto en el cine Lo Castillo.

CINE

LO CASTILLO

Candelaria Goyenechea 3820.

Local 2.

Fono: 2445856.

Vi. y Sá. 14.15 y 16.46.

Do. 14.15 y 22.15,

Ciclo de Cine Mediterráneo.

Hamam, El baño turco.

MÚSICA

Boleros

Tangos y boleros en concierto en vivo, por Carmen Prieto y Vivi Ferrer, esta noche, a las 23 hrs. Local Naitún, en Ricardo Cumming 451. $3.000.

TEATRO

La lluvia de Verano.

Basada en una obra de Marguerite Duras. Sala Galpón. Hoy a las 19 horas, $4.000 general y $1.000 estudiantes.

CIRCO

aéreo de vanguardia

Los días 7, 8, 9 de noviembre, a las 21 hrs actúa la compañía francesa Les Arts Sauts en los estacionamientos de Mall Plaza Oeste.

estacionamientos
parking lot
(LAm)

3   A friend has replied to your suggestions. Translate her replies.

Traduzca.

lo siento
I'm sorry

(a) "Lo siento, hoy no tengo tiempo."

(b) "Perdona, pero no me gusta el circo."

(c) "Hoy estoy muy ocupada."

(d) "Hoy tengo que trabajar."

Actividad 8.3 🎧

A friend wants to take you out and about in Santiago. Listen to *Pista 25* and answer the suggestions following the prompts.

Escuche y conteste.

Español de bolsillo 🎧 *(Pista 37)*

¿Vamos al planetario?   *Shall we go to the Planetarium?*

¿Te apetece ir al parque?   *Do you fancy / feel like going to the park?*

¿Te gustaría ir a la plaza?   *Would you like to go to the square?*

¿Quieres ir de compras?   *Do you want to go shopping?*

Lo siento, no tengo tiempo.   *I'm sorry, I don't have time.*

¡Estupendo! / ¡Genial! / ¡Regio!   *Great!*

Enp o c a s **p a l a b r a s**

Vocabulary learning strategies: alphabetical lists

An effective way of revising vocabulary is by learning a list of words alphabetically. Read the *Léxico básico* section of *Sesión 7*. For each Spanish word, write the first two letters, with a dash for each remaining letter of the word. Finally, cover the Spanish list of words and just use the letters to help you remember the full words. Follow the examples below.

Escriba y memorice.

bizcocho (el)	*sponge (finger)*	bi_ _ _ _ _ _
cámara (la)	*camera*	cá _ _ _ _

Diario hablado

Revise the vocabulary in the *Léxico básico* sections of this unit using the alphabet list technique, then record yourself.

Repase y grábese.

Léxico básico

circo (el)	*circus*		ocupado	*busy*
concierto en vivo (el)	*live concert*		pasear	*to stroll*
espectáculo (el)	*show*		Perdona	*Sorry*
jardín botánico (el)	*botanical gardens*		subir	*to go up*
Lo siento	*I'm sorry*		zoológico (el)	*zoo*
obra de teatro (la)	*play*			

Sesión 9 Repaso

This session is designed to help you revise the language that you have learned so far in this unit.

EL PEDANTE

Here is an extract of a newspaper article about a famous Spanish writer, Miguel Delibes. It contains five mistakes, all to do with possessive adjectives and adjectives. Find them and correct them.

Identifique y corrija los errores.

> **M**iguel Delibes es el escritor español más admirado, reconocido y respetado por su compañeros viejos y jóvenes. Con él hay unanimidad: nadie habla mal de él. No es por tu edad, nació en 1921. Es por su carácter: sereno, paciente, toleranto, generoso y amablo.

(Adapted from *Paisajes*, junio de 1999, no.104, p. 22)

EL CÓMIC

Look at the thought bubbles and fill in the blank speech bubbles with appropriate suggestions for going out in the evening.

Complete el diálogo.

LA PESCA DE PALABRAS

Help these four fishermen with their catch. Each boat has a subject area for a name and needs to catch a haul of related words from the sea. Draw a hook from each word to its corresponding fishing line. The first has been done for you.

Clasifique las palabras en la categoría correspondiente.

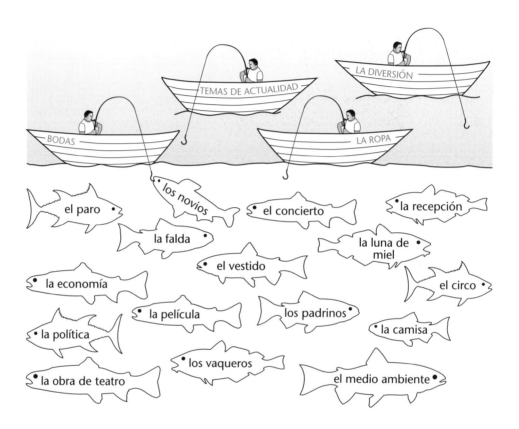

EL DETECTOR DE MENTIRAS

You will now have the chance to use your own lie detector machine! There is one lie in each of the statements below. Detect and underline them all.

Busque las mentiras y subraye.

(a) Las Torres del Paine son unos edificios modernos de granito, que se encuentran en el sur de Chile, en la Región de Magallanes.

(b) José Martí, un cantante cubano de salsa, es una figura muy importante en la historia reciente de Cuba.

(c) Las primeras comuniones suelen ser en septiembre en España.

(d) El día de los reyes Magos es el 24 de diciembre, y es cuando reciben los regalos los niños españoles.

MUSEO DE IMÁGENES

Here is a family portrait of the Spanish king Charles IV, painted by Francisco de Goya in 1800. Look closely at the family tree below and complete this partial description of the family members.

Complete la descripción.

Francisco de Goya, *La familia de Carlos IV*, 1800

De izquierda a derecha:

El primer niño es el infante Carlos María Isidro.

A su lado está el _____ mayor de los reyes, el futuro rey Fernando VII.

La señora mayor es su tía, la _____ del rey, Doña María Josefa.

La joven es la futura mujer de Fernando y la niña es la infanta María Isabella.

La figura más imponente del cuadro es la _____ del rey, la reina María Luisa.

El niño es el_____ pequeño de los reyes, el infante Francisco de Paula Antonio.

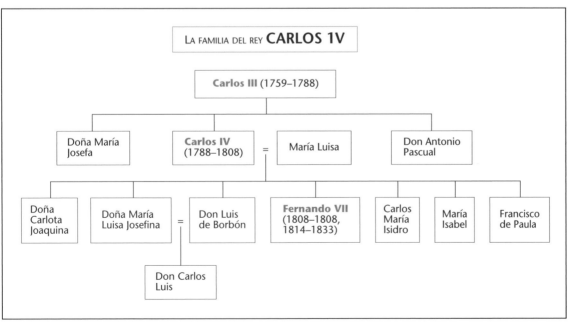

LA FAMILIA DEL REY **CARLOS 1V**

Carlos III (1759–1788)

Doña María Josefa	**Carlos IV** (1788–1808) = María Luisa	Don Antonio Pascual

| Doña Carlota Joaquina | Doña María Luisa Josefina = Don Luis de Borbón | **Fernando VII** (1808–1808, 1814–1833) | Carlos María Isidro | María Isabel | Francisco de Paula |

Don Carlos Luis

MI GRAMÁTICA: El tiempo presente / The present tense

1 Fill in the table below with the correct verb forms in the present tense.

Complete la tabla.

	PONERSE (unos vaqueros)	TENER QUE (estudiar)	DEBER (estudiar)
yo			
tú			
él/ella/Ud.			

2 You always buy everything you need in the same shop. For each item write a sentence using the appropriate direct object pronoun. Follow the example.

Escriba frases.

Ejemplos

¿Dónde compras **la ropa**? – *La compro en el Corte Inglés.*

¿Y **los bolsos**? – *Los compro en el Corte Inglés.*

(a) ¿Y la fruta?

(b) ¿Y la carne?

(c) ¿Y los perfumes?

(d) ¿Y los electrodomésticos?

(e) ¿Y las películas de vídeo?

(f) ¿Y los muebles de la casa?

LA OTRA MITAD

You are trying to trace the other half of this historic photograph of the Chilean poet Gabriela Mistral (1889–1957), winner of the 1945 Nobel Prize for Literature. Write a description of her physical appearance from what you can see.

Escriba una descripción.

EL CANCIONERO 🎧

Our friends of Café El Juglar are in the mood for the popular Latin American song, *Cielito lindo*.

1 Listen to *Pista 26* and write down (in Spanish) two parts of the face that are mentioned in the song.

   Escuche y escriba.

2 Sing along with the transcript, if you wish.

   Lea y cante si lo desea.

DOCUMENTAL 🎧

Listen to *Pista 27*, which is a documentary on Spanish youth, and answer the following questions.

Escuche y conteste.

(a) What are young Spaniards like?

(b) Why does the presenter say: "*Los jóvenes están muy bien preparados*".

(c) Mention three things they like doing in their spare time?

(d) What role does the family play?

(e) In the scene between the mother and son, why does the son have to go to school?

---

seguro
confident

formación (la)
training

sin ningún
problema
*without any
problems*

periodismo (el)
journalism

casi no me sirve
*it's almost no use
to me*

un rato
for a while

juega un papel
plays a role

Sesión 10
¡A prueba!

This session consists of a self-assessment test which will give you an idea of the progress you have made throughout this unit. You will find answers, explanations and revision tips in the *Clave*.

Part A

Test your vocabulary

1 Look at the words below. Cross the odd one out.

   Tache la palabra intrusa.

   (a) abuelo • primo • sobrino • amigo

   (b) ojos • labios • pie • cejas

   (c) bañador • abrigo • bufanda • guantes

   (d) amable • alegre • gordo • divertido

   (e) parque • película • obra de teatro • concierto

2   Choose the correct option.

Elija la opción correcta.

(a) Mi mujer no vive. Estoy _____ .

    (i)   soltero

    (ii) divorciado

    (iii) jubilado

    (iv) viudo

(b) Tengo el pelo _____ .

    (i)   corto

    (ii) bajo

    (iii) delgado

    (iv) gordito

(c) Mañana me caso. _____ es en la iglesia.

    (i)   El bautizo

    (ii) El cumpleaños

    (iii) La boda

    (iv) La primera comunión

(d) Necesito peinarme y maquillarme. ¿Dónde hay _____?

    (i)   una tienda

    (ii) una peluquería

    (iii) una joyería

    (iv) una perfumería

(e) En el jardín botánico hay _____ de frutos tropicales.

    (i)   unos árboles

    (ii) unos edificios

    (iii) unos zoológicos

    (iv) unas fuentes

Test your grammar

1   Fill in the gap with the correct form of the possessive adjective in brackets.

Rellene los espacios.

(a) (mi) _____ gafas

(b) (su) _____ agenda

(c) (nuestro) _____ llaves

(d) (tu) _____ bolso

(e) (vuestro) _____ hijas

2   Use the correct form of *tener* or *deber* to complete these sentences.

Complete estas frases.

(a) Mi hermana _____ que cantar en una boda.

(b) Mis compañeros _____ trabajar menos.

(c) Todos nosotros _____ comer más fruta.

(d) No puedo salir, _____ que hacer la cena esta noche.

(e) Tú _____ dormir más y estudiar menos.

3   Complete this child's letter to the Three Wise Men with the correct object pronoun from the box.

Complete esta carta.

lo • la • los • las

Queridos Reyes Magos:

Estos son los regalos que quiere mi familia.

(a) Papa: una agenda. ~~~~~~~~~ quiere roja y grande.

(b) Mama: unos pañuelos. ~~~~~~~~~ necesita urgentemente.

(c) Mi hermana: unas gafas de sol. ~~~~~~~~~ quiere modernas.

(d) Mi hermano: una bicicleta, ~~~~~~~~~ quiere de montaña.

(f) La abuela: un perfume, no sé cómo ~~~~~~~~~ quiere.

4   Use the present tense of these infinitives to make suggestions to a friend.
Utilice el presente de estos infinitivos.

(a) ir al cine

(b) comer fuera

(d) hacer deporte

(e) dar un paseo

(f) ver una película

Part B 🎧

Test your listening skills

Listen to *Pista 28* and answer the following questions. You will need pause the CD to take notes.

Escuche y conteste.

(a) What is this person's physical appearance like?

(b) What is she wearing?

(c) What's her character like?

Part C

Test your speaking skills

Look at this photograph and describe it with the help of the following points. Record yourself.

Mire y describa. Grábese en su cinta.

• Likely relationship between the woman and the two children.

• Physical appearance of the woman (face and in general).

• Physical appearance of the children (face).

• Three features of the woman's character: imagine these from your own impression of her.

Start your description of the photograph like this:

Esta es una foto de...

Part D

Test your communication skills

1   Read this e-mail from a chat room where opinions are exchanged on different topics, and indicate whether the following statements are true or false. Then correct the false statements.

¿Verdadero o falso? Corrija las afirmaciones falsas.

el peor
the worst

gratuito
free

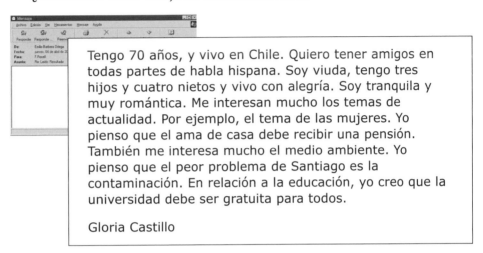

Tengo 70 años, y vivo en Chile. Quiero tener amigos en todas partes de habla hispana. Soy viuda, tengo tres hijos y cuatro nietos y vivo con alegría. Soy tranquila y muy romántica. Me interesan mucho los temas de actualidad. Por ejemplo, el tema de las mujeres. Yo pienso que el ama de casa debe recibir una pensión. También me interesa mucho el medio ambiente. Yo pienso que el peor problema de Santiago es la contaminación. En relación a la educación, yo creo que la universidad debe ser gratuita para todos.

Gloria Castillo

	Verdadero	Falso
(a) Su marido no vive.	☐	☐
(b) Es alegre y no es nerviosa.	☐	☐
(c) Tres temas que le interesan son: los jubilados, el medio ambiente y la educación.	☐	☐
(d) Ella está de acuerdo con la pensión para las amas de casa.	☐	☐
(e) Ella piensa que Santiago está muy contaminada.	☐	☐
(f) Ella piensa que la universidad debe ser más selectiva.	☐	☐

2   Now write a similar e-mail about yourself and your opinions:

Escriba un e-mail.

(a) Say your name, where you live, and what you do for a living.

(b) Mention your civil status and speak briefly about your family.

(c) Describe how you see yourself and what you like doing in your spare time.

(d) Mention one current affairs issue that is of interest to you and give your opinion about it.

Actividad 1.1

1

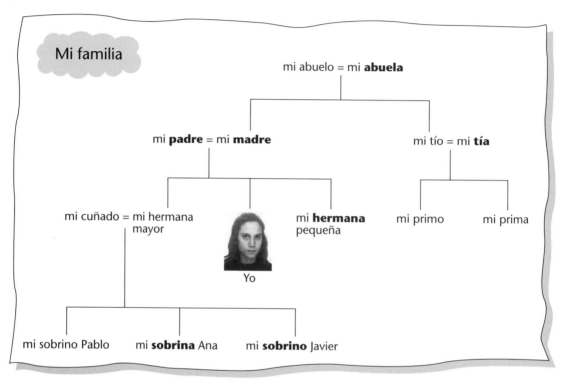

Mi familia

mi abuelo = mi **abuela**

mi **padre** = mi **madre**   mi tío = mi **tía**

mi cuñado = mi hermana mayor   mi **hermana** pequeña   mi primo   mi prima

Yo

mi sobrino Pablo   mi **sobrina** Ana   mi **sobrino** Javier

Actividad 1.2

1   You should have ticked the five people in the foreground of the photo: the two adults (*el tío y la tía*) and the three children, Raquel, Luis and Amalia.

2   (a) primo, (b) prima, (c) hermana, (d) tía, (e) tío… hermano… padre.

Actividad 1.3

(a) nuestra, (b) tus, (c) mi, (d) ¿vuestras, (e) sus, (f) nuestra.

Actividad 1.4

1   The host and Amalia decide between them to introduce her to the host's cousin, Juan.

2   (a) Falso. (*He is married:* "Está casado").
    (b) Verdadero.
    (c) False. (*He does not have a partner:* "No tiene pareja").

Actividad 1.5

1   (a), (b), (c), (d), (g), (i).

Espejo Cultural _____

1   (b) – (iii), (c) – (ii), (d) – (ii), (e) – (iii),
    (f) – (i), (g) – (ii), (h) – (iii), (j) – (i).

2   Perhaps the safest generalization one can
    make with regard to Spain is that family
    and social situations are very similar in
    terms of 'physical' or 'verbal' markers of
    closeness. The following is fairly common
    practice in Spain:

    (a) Formal address. The use of *usted* is
        usual in a public situation, where the
        people interacting have not met
        before, though young people often use
        the *tú* form even in these contexts.

    (b) Greeting with a handshake is
        common in a public or social situation
        between men. In a social or family
        situation, the handshake is often
        accompanied by pats on the back.

    (c) Greeting with a kiss on each cheek
        (often just a touching of the cheek).
        In social and family situations. Men
        sometimes exchange kisses in a family
        situation.

    (d) Greeting just verbally. In Hispanic
        cultures it is generally not common to
        greet someone **without** any physical
        contact.

    (e) Physical contact possible when
        talking. In social and family situation.

Actividad 2.1

2   The funny mirrors represent the following
    words:

    (a) alta, (b) baja, (c) gorda, (d) delgada,
    (e) joven, (f) mayor, (g) fuerte, (h) guapa,
    (i) fea.

Actividad 2.2

1   (a) Sancho Panza **es gordito y bajito**.

    (b) Carmen y Don Juan Tenorio **son
        guapos y jóvenes**. (*Note that the*

*masculine plural ending is used when
an adjective refers to combined male
and female nouns, such as Don Juan
Tenorio and Carmen*).

    (c) Hércules y Sansón **son fuertes**.

    (d) Matusalén **es mayor**.

    (e) Las hermanas de Cenicienta **son feas**.

    (f) Las figuras de El Greco **son altas y
        delgadas**.

Actividad 2.3

2   (a) **el** pelo, (b) **las** orejas, (c) **la** nariz,
    (d) **las** cejas, (e) **los** ojos, (f) **los** labios,
    (g) **la** boca, (h) **el** bigote, (i) **la** barba,
     (j) **la** cabeza.

3   (a) – (i), (b) – (i), (c) – (i), (d) – (ii),
    (e) – (i).

Actividad 3.2

Here is a suggested answer:

Torres del Paine: (un) abrigo, (una) bufanda,
(unos) guantes, (unas) botas. *You would
assume that winter clothing is necessary since
there are glaciers* ("es una zona de glaciares"),
and in winter everything is covered in snow ("en
invierno todo está cubierto de nieve").

Iquique: (un) bañador o bikini, (una)
camiseta, (unos) vaqueros, (una) falda, (un)
vestido. *Summer clothing is needed, since
temperatures are warm and there are excellent
beaches* ("tiene playas maravillosas").

Actividad 3.3

1   Here are the missing words:

¿… para ir a clase?	Unos vaqueros y una camiseta.
¿… para salir?	Un vestido, **una falda.**
¿… para ir a la playa?	Bikini, **bañador** y un vestidito.
¿… en invierno?	Guantes y **bufanda**.

2   Here is a possible answer:

(a) No, no me interesa la moda.

(b) Suelo comprar ropa los sábados.

(c) Suelo comprar mi ropa en los grandes almacenes.

(d) En invierno llevo suéter de lana, abrigo, bufanda y guantes.

(e) En verano llevo camiseta y vaqueros.

Actividad 3.4

1   The person Samanta describes is Raúl. Her last line is: "… *pero Raúl, ¡eres **tú**!*" ('but Raúl, it's **you**!').

2   Photograph (a) suits the description Samanta gives because he is tall, has dark, curly hair and is wearing black trousers, a white shirt and sunglasses.

3   Here is a possible answer:

El es alto y gordito. Tiene bigote y barba. Lleva una camisa blanca, unos pantalones negros y una chaqueta. También lleva (unas) gafas.

Actividad 4.1

(a) **divertida** – fun, **graciosa** – funny.

(b) **cariñoso** – affectionate.

(c) **simpático** – nice, **despistado** – absentminded.

(d) **terca** – stubborn.

Actividad 4.3

1   (a) – (iv), (b) – (v), (c) – (ii), (d) – (i), (e) – (iii).

2   (b) No son antipáticas. Son simpáticas.

(c) No son aburridas. Son divertidas.

(d) No son serias. Son alegres.

(e) No son nerviosas. Son tranquilas.

En pocas palabras

Dictionary skills

(a) He/She's **sensitive**.

(b) He's **sensible**.

(c) He's / She's a **relative** of Juan's.

(d) She's **nice**.

(e) She's **pregnant**.

(f) He **has got a cold**.

Vocabulary extension

(a) simpática, (b) graciosa, (c) cariñosa, (d) despistados, (e) alegre, (f) inteligente.

Actividad 5.1

1   (a) Son una generación marcada por el consumismo

(b) No les interesa la religión

(c) tampoco la política

(d) Dominan varios idiomas

2   Here are some possible answers:

(a) Los jóvenes son consumistas.

– **Sí, estoy de acuerdo**.

(b) No son religiosos.

– **Sí, es verdad**.

(c) No les interesa la política.

– **Depende**.

(d) Hablan más de una lengua.

– **No, no estoy de acuerdo**.

Actividad 5.2

2 Here is the completed table:

	Estudiante 1	Estudiante 2	Estudiante 3
(a) La TV es muy educativa.	No.		
(b) Las chicas estudian más que los chicos.	Depende.	Sí.	Sí.
(c) El peor problema de España es el paro.	Sí.		Sí.
(d) La internet es el mejor avance tecnológico del siglo XX.	Sí.	Sí.	

Actividad 5.3

1 (a) Falso. ("Creo que es justificable la violencia **en algunas ocasiones**").

(b) Falso. ("No es justificable para nada").

(c) Verdadero.

2 Here are some possible answers:

(a) (Yo) creo que los jóvenes de hoy son muy conservadores.

(b) Me parece que el medio ambiente es tan importante como la economía.

(c) (Yo) pienso que la enseñanza de idiomas en los colegios es muy importante.

Actividad 6.1

(a) Los protagonistas de las fotos son… **(i) un bebé, un niño y una pareja.**

(b) Están… **(ii) en una iglesia.**

(c) Las fotos corresponden a… **(iii) un bautizo, una primera comunión y una boda.**

Actividad 6.2

1 The purpose is to provide family and friends with a memento of the occasion. These cards are normally ordered from specialist shops, are given out by the child to the guests and are kept for life by the child and the parents.

3 Here is a possible answer:

Tengo que comprar ropa.

Tengo que reservar el hotel.

Tengo que llevar regalos.

Tengo que buscar el pasaporte.

Activity 6.3

1 (a) – (ii), (b) – (vi), (c) – (iii), (d) – (i), (e) – (v), (f) – (iv).

2 (b) Debes comprar el ramo de flores en **Marga Luján**. (Tienen complementos florales para novias, etc.)

(c) Debes elegir el anillo en **Marcos Román** (un joyero artesano).

(d) Debes organizar la recepción o banquete en **El Olivar** (en una carpa climatizada).

(e) Debes buscar un fotógrafo en **Vicente Rosell** (fotógrafo oficial, hace reportajes para bodas).

(f) Debes peinarte y maquillarte en la **Peluquería Nuria**.

Actividad 7.1

1 (a) Melchor, Gaspar y Baltasar.

   (b) El 5 de enero por la tarde.

   (c) Un dulce típico de las fiestas.

   (d) El 6 de enero (por la mañana).

2 Here is the completed table:

Verb as it appears in the text	Type of verb	yo	tú	él/ ella/Ud.
compra	Regular -ar	compro	compras	compra
come	Regular -er	como	comes	come
escriben	Regular -ir	escribo	escribes	escribe
encuentran	Radical changing o → ue (-ar)	encuentro	encuentras	encuentra
piden	Radical changing e → i (-ir)	pido	pides	pide
se despiertan	Reflexive (also radical changing e → ie)	me despierto	te despiertas	se despierta
dan	Irregular (-ar)	doy	das	da
pone	Irregular (-er)	pongo	pones	pone

Actividad 7.2

1 (a) – (iv), (b) – (ix), (c) – (vii), (d) – (v),
   (e) – (vi), (f) – (viii), (g) – (ii), (h) – (iii),
   (j) – (i).

2 (a) (el perfume) ¿Dónde **lo** compro?

   (b) (los pendientes) ¿Dónde **los** compro?

   (c) (las gafas de sol) ¿Dónde **las** compro?

   (d) (la cafetera) ¿Dónde **la** compro?

   (e) (la bicicleta) ¿Dónde **la** compro?

   (f) (el disco compacto) ¿Dónde **lo** compro?

   (g) (los zapatos) ¿Dónde **los** compro?

   (h) (el libro) ¿Dónde **lo** compro?

   (i) (los vaqueros) ¿Dónde **los** compro?

   (j) (la cámara) ¿Dónde **la** compro?

Actividad 7.3

1 casa   cocina   coche   qu**i**nce
   quien iz**qu**ierda **c**uadro   cerca
   es**qu**ina

Actividad 8.1

2 (a) ¿Vamos al zoológico?

   (b) ¿Nadamos en la piscina?

   (c) ¿Paseamos por el jardín botánico?

   (d) ¿Subimos en el teleférico?

Actividad 8.2

1 (a) En el cine Lo Castillo.

   (b) En el teatro Sala Galpón.

   (c) En los estacionamientos de Mall Plaza Oeste.

   (d) En el local Naitún.

   (e) La obra de teatro.

   (f) El circo.

   (g) El concierto de tangos y boleros.

   (h) La película.

2 Here is a possible answer relating to each advertisement:

¿Vamos a un concierto de tango y boleros? El concierto empieza a las once de la noche en el Local Naitún.

¿Vamos al teatro? La obra empieza a las siete de la tarde en la sala Galpón.

¿Vamos al circo? (El circo) empieza a las nueve de la noche en los estacionamientos de Mall Plaza Oeste.

3 (a) I'm sorry, I don't have time today.

   (b) Sorry, but I don't like circuses.

   (c) I'm very busy today.

   (d) I've got to work today.

Vocabulary learning strategies

Here are more words from *Sesión 7 Léxico básico*:

caramelo	sweet	ca _ _ _ _ _ _
encontrar	to find	en _ _ _ _ _ _ _
Navidad (la)	*Christmas*	Na _ _ _ _ _
pañuelo (el)	*handkerchief*	pa _ _ _ _ _
pedir	*to ask for*	pe _ _ _
pendiente (el)	*earring*	pe _ _ _ _ _ _

SESIÓN 9

EL PEDANTE

The corrected mistakes are in bold print:

Miguel Delibes es el escritor español más admirado, reconocido y respetado por **sus** compañeros viejos y jóvenes. Con él hay unanimidad: nadie habla mal de él. No es por **su** edad, nació en 1921. Es por su carácter: sereno, **paciente, tolerante,** generoso y **amable.**

El CÓMIC

(a) ¿Vamos al cine? (*or* ¿Te gustaría ir al cine? *or* ¿Te apetece ir al cine? *You may have used these structures in answers (b) and (c) below as well.*)

(b) ¿Vamos a un restaurante? *or* ¿Comemos en un restaurante?

(c) ¿Vamos a bailar? *or* ¿Vamos a una discoteca?

LA PESCA DE PALABRAS

Bodas: los novios, la luna de miel, los padrinos, la recepción.

Temas de actualidad: el paro, la economía, la política, el medio ambiente.

La ropa: la falda, el vestido, la camisa, los vaqueros.

La diversión: el concierto, el circo, la película, la obra de teatro.

EL DETECTOR DE MENTIRAS

The lies in each statement are underlined:

(a) Las Torres del Paine son <u>unos edificios modernos</u> de granito... (*The* Torres del Paine *are the tall rocks that a natural park in the region is named after.*)

(b) José Martí, <u>un cantante cubano de salsa</u>... (*He was a poet and one of the promoters of the independence of Cuba from Spain at the end of the 19th century. His poem Guantanamera was later set to music.*)

(c) Las primeras comuniones suelen ser <u>en septiembre</u> en España. (*They normally take place in May.*)

(d) El día de los reyes Magos <u>es el 24 de diciembre</u> … (*It's 6 January.*)

MUSEO DE IMÁGENES

De izquierda a derecha:

> El primer niño es el infante Carlos María Isidro.
>
> A su lado está el **hijo** mayor de los reyes, el futuro rey Fernando VII.
>
> La señora mayor es su tía, la **hermana** del rey, Doña María Josefa.
>
> La joven es la futura mujer de Fernando y la niña es la infanta María Isabella.
>
> La figura más imponente del cuadro es la **mujer** del rey, la reina Maria Luisa.
>
> El niño es el **hijo** pequeño de los reyes, el infante Francisco de Paula Antonio.

MI GRAMÁTICA

1   Here is the completed table:

	PONERSE	**TENER QUE**	**DEBER**
yo	me pongo	tengo que	debo
tú	te pones	tienes que	debes
él/ella /Ud.	se pone	tiene que	debe

2   (a) **La** compro en el Porte Inglés.
   (b) **La** compro en el Porte Inglés.
   (c) **Los** compro en el Porte Inglés.
   (d) **Los** compro en el Porte Inglés.
   (e) **Las** compro en el Porte Inglés.
   (f) **Los** compro en el Porte Inglés.

LA OTRA MITAD

Here is the complete picture of Gabriela Mistral and below is a possible description:

Es una señora mayor. Tiene el pelo rubio o blanco. Tiene las cejas finas, la nariz grande y la boca grande.

EL CANCIONERO

1   The two parts of the face mentioned in the song are: *los ojos* ("*un par de ojitos*"), *la boca*.

DOCUMENTAL

(a) They are taller and wealthier than the previous generation. They are confident, conservative and rather materialistic ("*… son más altos, y mas ricos que la generación anterior. Son seguros, conservadores y bastantes consumistas*").

(b) Because they speak several languages and use ICT without any difficulty ("*…hablan varios idiomas, y… utilizan las nuevas tecnologías sin ningún problema*").

(c) You could have chosen any of the following: going out in the evening, going to bars, going dancing, going to the beach and to the swimming pool. (The presenter says: "*Les encanta salir por la noche, ir a los bares, ir a bailar, etc*". The young Valencians mention the same things: "*… en verano voy a la playa, a la piscina… salgo a bailar, … salgo con mis amigos, con mi novia. Me gusta ir a los bares a comer tapas*".)

(d) Family plays an important role because many young people live at home until they are 25 or 30 ("*los españoles suelen vivir en casa de sus padres hasta los 25 o 30 años*").

(e) Because he's 35 and he's the head teacher of the school! ("*… porque tienes 35 años y eres el director del colegio*").

SESIÓN 10

Part A

Test your vocabulary

(a) amigo. (*The others are names for relatives.*)

(b) pie. (*The others are parts of the face.*)

(c) bañador. (*The others are items of winter clothing.*)

(d) gordo. (*The others describe character, whereas this describes physical appearance.*)

(e) parque. (*The others are shows or events, whereas this is a place.*)

2 (a) – (iv), (b) – (i), (c) – (iii), (d) – (ii), (e) – (i).

> **Revision** Go through all the *Léxico básico* sections, applying the technique you learnt in *Sesión 8, Vocabulary learning strategies: alphabetical lists*.

Test your grammar

1 (a) mis gafas, (b) su agenda, (c) nuestras llaves, (d) tu bolso, (e) vuestras hijas.

> **Revision** Go to *Sesión 1* and practise agreement of possessive adjectives.

2 (a) tiene, (b) deben, (c) debemos, (d) tengo, (e) debes.

> **Revision** In *Sesión 6* you can revise the use of '*tener que* / *deber* + infinitive' to express obligation and advice.

3 (a) la, (b) los, (c) las, (d) la, (e) lo.

> **Revision** Make a list of objects (e.g. in a room, in a handbag, on a desk) and make up sentences using just one verb and the matching object pronoun, e.g. *¿El cuadro? Lo tengo aquí; ¿La silla? La tengo aquí*, etc. It is also very effective to record yourself. You can practise these pronouns in *Sesión 7*.

4 (a) ¿Vamos al cine?

   (b) ¿Comemos fuera?

   (c) ¿Hacemos deporte?

   (d) ¿Damos un paseo?

   (e) ¿Vemos una película?

> **Revision** Go through the *Entertainments / Time Out* section of a Spanish paper and try these structures with events that appeal to you. For more practice on making suggestions, you can revise *Sesión 8*.

Part B

Test your listening skills

(a) She is an old lady. She is short and plump. She has short, white hair. She has black eyes and a small mouth.

(b) She is wearing a blue skirt and a white blouse. She is also wearing a blue jacket.

(c) She is very nice and fun. She is not shy.

> **Revision** To practise your listening skills and language for describing people, listen again to *Pistas 9*, *10*, *12* and *13* and jot down what you remember of each extract.

Part C

Test your speaking skills

Here is a possible answer:

> Esta es una foto de una señora con sus dos nietos. La señora es mayor, tiene el pelo corto, los labios finos y la nariz grande. Tiene unos ojos muy bonitos. La nieta es rubia y gordita y el nieto es moreno y delgado. Ella es simpática, muy cariñosa y alegre.

> **Revision** You could practise describing other pictures of people, such as family or friends, and record yourself. To develop your speaking skills while describing people, you could listen again to *Pistas 7*, *8*, *11* and *14* and take part in the dialogues. It is also a good idea to go through the phrasebook list (*Pistas 29–37*) and repeat them.

Part D

Test your communication skills

1 (a) Verdadero.

   (b) Verdadero.

   (c) Falso. (*The first subject mentioned is inaccurate, she is interested in issues about women*, "el tema de las mujeres").

   (d) Verdadero.

   (e) Verdadero.

   (f) Falso. (*She says university should be free for everyone*, "yo creo que la universidad debe ser gratuita para todos".)

> **Revision** When you proofread, pay special attention not only to spelling but to those aspects of grammar that may not exist in your own language, such as agreement between nouns and adjectives, and different endings for every person of the present tense.

2 Here is a possible answer:

> Me llamo Roger Tyler. Vivo en Oxford y soy jubilado. Estoy divorciado y tengo cinco hijos y una nieta. Ahora vivo con mi novia.

> Soy bastante tranquilo (mi ex-mujer dice que soy aburrido). Me gusta leer, escuchar música y la buena conversación.

> Me interesa el tema de la emigración. Yo pienso que Europa debe ser más abierta.

2

¿Qué tal va todo?

The ideas of travel and communication are developed further in this unit as Isabel and Patricio continue to explore the regions and culture of the countries they are staying in. In Chile, you will follow Isabel to the amazing Atacama desert of northern Chile. In Spain, Patricio decides to go on the road, first to a campsite near the historic city of Peñíscola, then south to explore the fascinating Costa de la Luz in the province of Cádiz.

Throughout the sessions you will familiarize yourself with ways of expressing moods, contacting people over the telephone, talking about recent events and writing informal letters. You will also come across topics like the use of new technologies in Spain and the meaning of gestures in Hispanic cultures.

OVERVIEW: ¿QUÉ TAL VA TODO?

Session	Language points	Vocabulary
1 Estoy muy contenta	• Expressing moods • Use of *estar* + adjective / adverb	Vocabulary to describe moods and feelings: *contento, triste, decepcionado,* etc.
2 En la carretera	• Finding your way by car • Revision of prepositions / adverbs of location	On the road and camping: *la autopista, el cruce, la tienda de campaña,* etc.
3 Está pensando	• Revision of telephone language • Describing current actions: the present progressive	Preparing a birthday party: *la tarta, los aperitivos, envolver,* etc.
4 En la biblioteca	• Revision of *gustar* type of verbs • Indirect object pronouns	Types of reading: *la poesía, las revistas, los relatos de viajes,* etc.
5 Estamos conectados	• Talking about the purpose of an action: *para* + infinitive • Use of the prepositions *en, para, con, sin, a, de*	Information technology: *chatear, la Red, el teclado,* etc.
6 He ido a la playa	• Talking about recent events • The present perfect	On the beach: *la playa, la arena, tomar el sol,* etc.
7 Toco la flauta	• Talking about how long you have been doing something • Expressions of frequency: *un día a la semana,* etc.	Vocabulary related to music: *la banda, la flauta, la guitarra,* etc.
8 Querida Mónica:	• Informal letter writing	The desert: *el desierto, la mina, el oasis,* etc.
9 Repaso	Revision	
10 ¡A prueba!	Test yourself	

Cultural information	Language learning tips
El Barrio Bellavista of Santiago de Chile.	
The town of Peñíscola.	The /th/ sound: pronunciation of *z, ce* and *ci*. Listening skills: repeating key words.
The Biblioteca Nacional de Chile. The writer Gabriela Mistral.	Using the dictionary to check spelling and grammar rather than meaning.
The use of new technologies in Spain.	Reading skills: predicting the gist of an article.
The coast of Cádiz province in Andalusia.	
A musical tradition of Valencia.	Pronunciation of *j, ge/gi.*
The Atacama region of Chile.	Organizing vocabulary by grammatical type (nouns, adjectives and verbs).

Sesión 1
Estoy muy contenta

In this session you will visit the picturesque bohemian quarter of central Santiago de Chile, *el barrio Bellavista*.

Key learning points

- Expressing moods and feelings
- Use of *estar* + adjective/adverb

Actividad 1.1

Here you will learn to express moods.

1   Match each of the following situations with an appropriate mood from the list.

Enlace.

(a) un examen importante

(b) una sesión de relajación

(c) una mala noticia

resfriado (el)
cold

(d) un ligero resfriado

(e) una buena noticia

(i)   contenta

(ii) tranquila

(iii) nerviosa

(iv) triste

(v) regular

EXPRESSING MOOD

To say how you feel, you can use the verb *estar* or *encontrarse* (to feel) with an adjective:

> Estoy muy tranquilo.

> Me encuentro triste.

You can also use an adverb:

> Estoy bien.

> Pablo se encuentra fatal.

Remember that adjectives need to agree with the subject in number (singular/plural) and gender (feminine/masculine):

> ¿Cómo estáis? – Estamos **contentos**.

but adverbs do not change:

> Estamos **mal**.

> Juan y Pedro no se encuentran **bien**.

ENCONTRARSE	
me encuentro	nos encontramos
te encuentras	os encontráis
se encuentra	se encuentran

2 Now say how each person feels in each of the situations below. You may use either *encontrarse* or *estar*.

Diga cómo se encuentra cada persona.

Ejemplo
Isabel recibe una buena noticia: *está contenta*.

(a) Después de una sesión de yoga, Ana y Marta _____ .

(b) Mi hermana tiene una entrevista de trabajo: _____ .

(c) Mi madre tiene un ligero resfriado: _____ .

(d) Cuando recibo una mala noticia, yo _____ .

Actividad 1.2 🎧 _____

Isabel is in the Bellavista quarter with some friends after a rehearsal.

EL BARRIO BELLAVISTA

The Bellavista quarter, has become the artistic and cultural heart of Santiago. It is famous for crafts made from lapislazuli, the stone found mainly in Chile and Afghanistan. There are many galleries, theatres, café-concerts and restaurants. There are also many *salsotecas* – where only salsa is danced – and *tanguerías* where tango is danced.

1 Listen to *Pista 38* and write down how each friend feels.

Escuche y escriba.

(a) Fernando está…

(b) Ignacio se encuentra…

(c) Paloma está…

fatal
awful

2 Listen to *Pista 39* and say how you feel. You will be given prompts to respond to but please note that the example you will hear does not contain a prompt.

Escuche y participe.

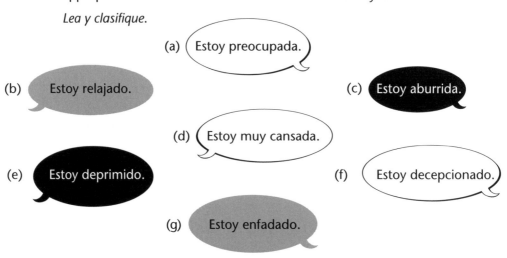

Español de bolsillo 🎧 (Pista 64)

¿Qué tal? ¿Cómo estás? Hi, how are you?

Estoy muy bien. Estoy de vacaciones.
 I'm very well. I'm on holiday.

¡Que suerte! How lucky!

¿Cómo te encuentras? How do you feel?

Estoy regular. No me encuentro bien.
 So-so. I don't feel very well.

Actividad 1.3 🎧 _____

Here you will hear about Isabel's friends again after a night out dancing in a *salsoteca*.

1 Read these speech bubbles and use the dictionary to sort them into the appropriate column below. The first has been done for you.

Lea y clasifique.

(a) Estoy preocupada.

(b) Estoy relajado.

(c) Estoy aburrida.

(d) Estoy muy cansada.

(e) Estoy deprimido.

(f) Estoy decepcionado.

(g) Estoy enfadado.

Positive moods	Negative moods
…	Estoy preocupada.
…	…

muchacha (la)
girl
conmigo
with me

2   Listen to *Pista 40* and tick the speech-bubbles above that you hear.

Escuche y marque con una cruz.

3   Listen again to *Pista 40*, and complete these sentences.

Escuche y complete.

(a) A Fernando le encanta _____ _____ .

(b) Paloma necesita _____ .

(c) Las muchachas _____ _____ _____ con Ignacio.

4   For each of the scenarios below, answer the questions about how people (or you) feel. There may be more than one possibility for each case.

Conteste las preguntas.

Ejemplo

(Usted tiene muchas cosas que hacer. No tiene tiempo).

¿Cómo está?

Estoy muy ocupado or *Estoy muy ocupada.*

ocupado
busy

(a) (María tiene una entrevista de trabajo muy importante).

¿Cómo está María?

(b) (Marta y Raquel no saben qué hacer. Es domingo, llueve, todo está cerrado).

¿Cómo están Marta y Raquel?

sale
turns out

(c) (Hoy es un día malo para usted, todo sale fatal).

¿Cómo está usted?

romper
to break

(d) (Unos niños rompen el cristal de una ventana de su casa).

¿Cómo está usted?

barbacoa (la)
barbecue

(e) (Usted prepara una barbacoa para el sábado. El sábado hace muy mal tiempo, llueve mucho).

¿Cómo está usted?

fuera
out

(f) (El hijo de Mónica, de 12 años está fuera con unos amigos. Son las 3 de la mañana).

¿Qué tal está Mónica?

(g) Anita recibe muchos regalos en Navidad.

¿Cómo está Anita?

Léxico básico

aburrido	*bored*	estar mal	*to be ill, unwell / in a bad way*
asustado	*frightened*	fatal	*awful*
cansado	*tired*	fenomenal	*great*
contento	*happy*	ocupado	*busy*
deprimido	*depressed*	preocupado	*worried*
decepcionado	*disappointed*	regular	*so-so*
encontrarse	*to feel*	relajado	*relaxed*
enfadado	*angry*	sorprendido	*surprised*
estar bien	*to be well*	triste	*sad / upset*

"Estoy un poco preocupada".

Sesión 2
En la carretera

Patricio decides to take a break and go by car to a campsite in Peñíscola, in the region of Castellón, north of Valencia.

Key learning points

- Getting somewhere by car
- Revision of prepositions / adverbs of location

Actividad 2.1

Here is an extract from a leaflet Patricio read about Peñíscola.

1 Read the text and choose the right option for each statement.

Lea y escoja la opción correcta.

(a) Peñíscola es…

(i) una isla   (ii) una península

(b) Es una ciudad…

(i) moderna   (ii) antigua

(c) El castillo es famoso por…

(i) un rey   (ii) un personaje eclesiástico

roca (la)
rock

se adentra
protrudes into

todavía
still

del que
(here) *of whom*

Peñíscola

Peñíscola está construida sobre una gran roca que se adentra en el mar formando una península.
La ciudad conserva todavía parte del esplendor del siglo XV con sus típicas calles de casas blancas. En la parte más alta está el majestuoso castillo del Papa Luna, Benedicto XIII, residencia del enigmático papa del que se cuentan muchas leyendas.

Peñíscola

2 Can you remember what the following adjectives in the text describe? Have a quick think first and then find them in the text.

Escriba los sustantivos.

(a) típicas   (b) blancas   (c) majestuoso   (d) enigmático

Actividad 2.2 🎧

Here you will learn some vocabulary for road travel and practise the pronunciation of /th/ sound.

1 Match the words with their symbols.

Enlace las palabras con los símbolos.

(a) la curva

(b) la autopista

(c) la salida

(d) la gasolinera

(e) el semáforo

(f) la rotonda

(g) el cruce

(h) el área de servicios

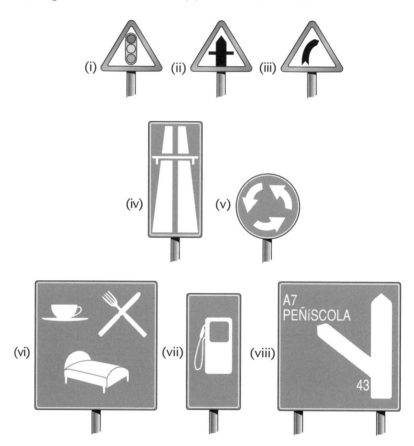

THE /th/ SOUND: PRONUNCIATION OF *Z*, *CE* AND *CI*

In Peninsular Spanish the letter *z* and the letter *c* before *e* or *i* are pronounced like the 'th' in English '**th**in', or '**th**ought':

Zara**go**za **ze**bra cru**ce** Mer**ce**des bi**ci**cleta

In most of Latin America there is no difference in pronunciation between the letters *z*, *c* (+ *e* or *i*) and *s*. They are all pronounced with an /s/ sound.

indicaciones
(las)
directions

accidente (el)
accident

2   Now for some pronunciation practice. Listen to *Pista 41* and repeat the words you hear.

Escuche y repita.

3   Listen to *Pista 42* where you will hear the same words pronounced by a Latin American speaker.

Escuche.

Activity 2.3

Patricio and a friend are heading towards the *Entre Pinos* campsite near Peñíscola.

1   Look at this map that Patricio has made with directions to Peñíscola from Valencia. Choose the right word from the box for each feature marked (a) – (d).

Mire el plano y escoja la palabra adecuada.

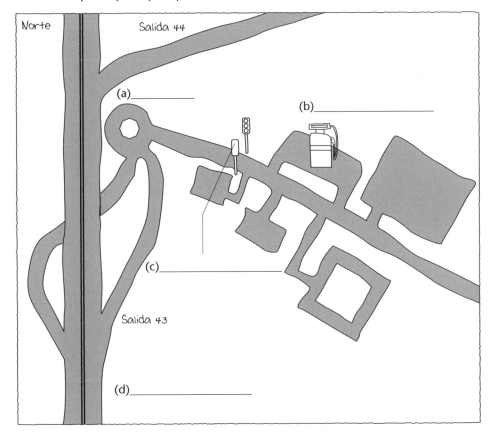

autopista • gasolinera • semáforo • rotonda

2   You will now hear some directions for how to get to the campsite. Listen to *Pista 43* and locate it on the map on page 75. (Remember that people drive on the right hand side of the road in Spain.)

Escuche y practique.

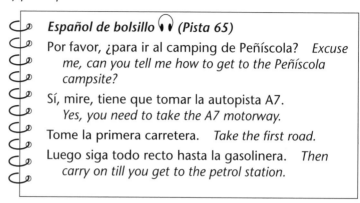

Español de bolsillo 🎧 *(Pista 65)*

Por favor, ¿para ir al camping de Peñíscola?   *Excuse me, can you tell me how to get to the Peñíscola campsite?*

Sí, mire, tiene que tomar la autopista A7.
Yes, you need to take the A7 motorway.

Tome la primera carretera.   *Take the first road.*

Luego siga todo recto hasta la gasolinera.   *Then carry on till you get to the petrol station.*

REPEATING OR JOTTING DOWN KEY WORDS

A useful strategy to cope with spoken directions or instructions is to focus on key words. They are handy not only to make sense of what you are listening but also to remember the different parts of the message. You can politely interrupt the speaker by repeating these words, and thus checking that you are following correctly, or write them down.

---

3   Listen to *Pista 44,* where you will practise this strategy.

Escuche.

Actividad 2.4

You will now revise some prepositions and adverbs to locate places inside the campsite.

1   Patricio got there successfully but he now needs some directions from the receptionist to find his way within the campsite. Look at the plan on the opposite page and complete the directions below with the correct options from the box.

Complete estas indicaciones.

al lado • entre • delante del • al final • junto • detrás

el último
the last one

tienda de campaña (la)
tent

lavandería (la)
laundry

"Mire, el bungalow número 10 es el último, está (a) _____ del corredor, a mano izquierda, (b) _____ a la piscina.

Y las tiendas de campaña están justo (c) _____.

Los teléfonos públicos están aquí, (d) _____ de recepción.

La lavandería está (e) _____ las duchas y el parque infantil (f) _____ restaurante".

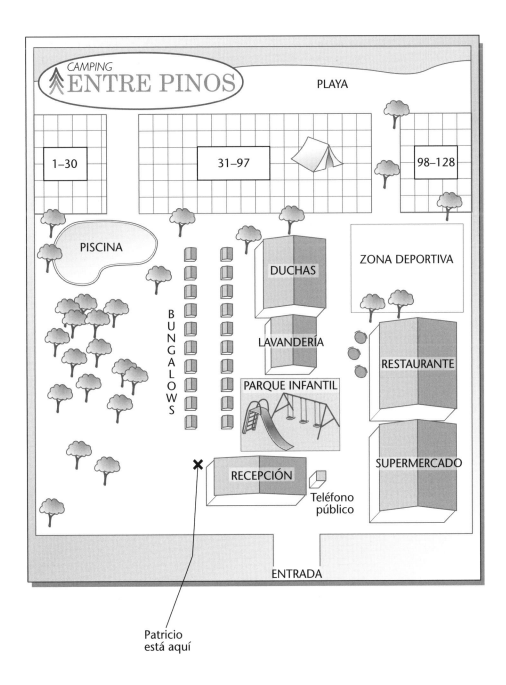

CAMPING
ENTRE PINOS

PLAYA

1–30

31–97

98–128

PISCINA

BUNGALOWS

DUCHAS

ZONA DEPORTIVA

LAVANDERÍA

RESTAURANTE

PARQUE INFANTIL

RECEPCIÓN

Teléfono público

SUPERMERCADO

ENTRADA

Patricio está aquí

2   Now look at the map and record yourself explaining where the different services in the campsite are.

Explique y grábese.

Léxico básico

accidente (el)	*accident*	lavandería (la)	*laundry*
área de servicios (el *fem*)	*service area, services*	rotonda (la)	*roundabout*
cruce (el)	*crossroads*	salida (la)	*exit (of road)*
curva (la)	*bend*	semáforo (el)	*traffic light(s)*
gasolinera (la)	*petrol station*	tienda (de campaña) (la)	*tent*
indicaciones (las)	*directions*		

Sesión 3

Está pensando

Patricio and his friends are organizing a birthday surprise party for a friend, Julián.

Key learning points

- Revision of telephone language
- Describing current actions: the present progressive

Actividad 3.1

Different people need to be contacted to help organize the party, but everyone seems very busy.

1   Look at the three drawings below and answer these questions for each of them.
    Observe y describa.

    (a) ¿Dónde está?
    (b) ¿Qué (ropa) lleva?

(i)

(ii)

(iii)

2   Listen to *Pista 45* and match each drawing on the previous page with the dialogues you hear.

Escuche y enlace.

3   Reorder the jumbled speech bubbles within each of the following three dialogues. Then listen to *Pista 45* to check your answers (and use the transcript if necessary).

Ordene los diálogos.

Español de bolsillo 🎧 (Pista 66)

Buenas tardes, ¿con el señor Rodríguez? Good afternoon, (could I speak to) Mr. Rodríguez, please?

Un momentito, por favor.   Just a moment, please.

¿Quién le llama?   Who's calling, please?

Voy a ver.   I'll go and check.

No se puede poner.   He can't come to the phone.

¿Bueno? (Mexico)   Hello?

Estoy manejando. (LAm)   I'm driving.

(a)

(i) Buenas tardes, ¿con el señor Rodríguez?

(ii) Un momentito, por favor.

(iii) Departamento de ventas, ¿dígame?

(b)

(i) Carmen, hola, ¿qué tal estás?

(ii) ¿Bueno?

(c)

(i) Un momento, voy a ver.

(ii) ¿Diga?

(iii) Hola, Alba, ¿está tu papi? Soy Ana.

4   Listen to *Pista 45* again. This time read the transcript, taking the role of Ana and saying her part aloud.

Escuche y lea.

DESCRIBING ACTIONS

To describe what you or other people are doing at the time of speaking, the present progressive tense is used (in English, 'he is talking', 'I am driving', etc.). This form of the verb is made up of the present tense of the verb *estar* and the present participle of any verb.

Está hablando por el otro teléfono. (He/She is talking on the other phone.)

Estoy manejando. (I'm driving.)

Está pensando. (He/She's thinking.)

The present participle is formed by removing the ending *-ar*, *-er* or *-ir* of the infinitive and putting in its place *-ando* (for *-ar* verbs) or *-iendo* (for *-er* and *-ir* verbs).

FORMATION OF THE PRESENT PARTICIPLE

Regular verbs

hablar → hablando

comer → comiendo

escribir → escribiendo

Radical changing verbs (-ir)

pedir → pidiendo

dormir → durmiendo

reír → riendo

reír
to laugh

Spelling changes

leer → leyendo

construir → construyendo

The present participle is generally called *el gerundio* in Spanish.

Sometimes the simple present tense is used in Spanish when English requires the present progressive:

Ahora viene. (She/he's just coming.)

 See the section on the gerund in the grammar book.

1 Today it's Julián's birthday and all the friends have gathered to prepare the surprise party. Explain what each friend is doing.

Explique.

Ejemplo

Amalia / contar las velas

Amalia está contando las velas.

(a) Patricio / poner los aperitivos en la mesa

(b) Raquel / envolver los regalos

(c) Juan / limpiar

(d) Anabel / escribir la felicitación

(e) Ana / hacer una tarta de cumpleaños

(f) Susana / inflar globos

2 You are helping out to prepare things Julián's surprise party when he unexpectedly rings up. Listen to *Pista 46* and answer his questions. Try to keep the secret from him!

Escuche y participe.

vela (la)
candle

aperitivos (los)
snacks

envolver
to wrap

felicitación (la)
card

tarta de cumpleaños (la)
birthday cake

inflar
to blow up

tomar el sol
to sunbathe

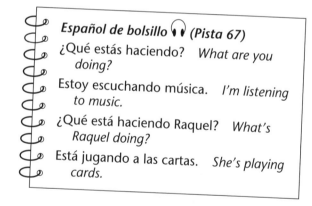

Español de bolsillo 🎧 *(Pista 67)*

¿Qué estás haciendo?   *What are you doing?*

Estoy escuchando música.   *I'm listening to music.*

¿Qué está haciendo Raquel?   *What's Raquel doing?*

Está jugando a las cartas.   *She's playing cards.*

Actividad 3.3

The party is now in full swing. Use the appropriate verb in the box in the present progressive to describe what the guests in the photos are doing.

Describa estas fotografías.

> dormir • reír • hablar • comer • beber • bailar

(a) **Raquel y su familia**

(b) **Ana y Anabel**

(d) **Juan**

(c) **Amalia**

Léxico básico

aperitivos (los)	*snacks*	limpiar	*to clean*
cartas (las)	*(playing) cards*	manejar (LAm)	*to drive*
construir	*to build*	reír	*to laugh*
contar	*to count*	tarta de cumpleaños (la)	*birthday cake*
envolver	*to wrap (up)*		
felicitación (la)	*card*	velas (las)	candles
inflar	*to blow up (= inflate)*		

Sesión 4
En la biblioteca

Here a Chilean friend of Isabel's takes her on a tour of the impressive Biblioteca Nacional de Chile, one of the oldest libraries in Latin America, founded in 1813. It is the perfect setting for a session dedicated to preferences in books and reading in general.

Key learning points

- Talking about reading preferences
- Revision of *gustar* type of verbs
- Indirect object pronouns (*me*, *te*, *le*)

Actividad 4.1

As Isabel and her friend go through the different sections of the Biblioteca Nacional, they come across some interesting books, magazines and records.

Match the different items below with the relevant section from the library where they are likely to be found.

Enlace.

conocida
como
known as...

barómetro (el)
barometer
(here:
yardstick)

Topaze, conocida también como el barómetro de la política chilena. Esta revista de caricatura, ilustrada por Coke, se publicó entre los años 1931 al 1970.

(a)

Libro de Poemas de Gabriela Mistral (1889–1957). Escritora chilena que recibe el Premio Nobel de literatura en 1945.

(b)

El diario Mercurio de Valparaíso, editado en Valparaíso desde 1827. El diario de habla hispana más antiguo de Chile.

(c)

Discos, CDs y cintas de cantantes chilenas como Violeta Parra o el pianista chileno de fama mundial Claudio Arrau.

(d)

(i)   Sección de periódicos.

(ii) Sala de música y medios múltiples.

hemeroteca (la)
periodicals library

(iii) Hemeroteca.

(iv) Sección chilena (libros escritos por chilenos).

GABRIELA MISTRAL

Gabriela Mistral (1889–1957) was the first Latin American to receive the Nobel Prize for Literature, in 1945. She was born in Vicuña, Chile, as Lucila Godoy Alcayaga; her pen name was inspired by two writers she admired, Gabriele D'Annunzio and Frédéric Mistral. She was a teacher, educational adviser, lecturer and a diplomat. Her fame as a poet in Latin America came in 1914 with the publication of *Sonetos de la muerte* (*Death sonnets*). The collection of poems for which she is best known, *Desolación* (*Despair*), was published in 1922. Her poems deal with the yearning of motherhood (she did not have any children), childhood, love, compassion and the protection of the vulnerable in society.

(Adapted from www.nobel./se/lureate/laureates/1945/mistral.bio.htm and www.geocities.com/gabymistral/b.html) [last accessed 6/7/2003]

Actividad 4.2

You will now revise *gustar*-type of verbs.

relatos de viajes (los)
travel writing

ensayos (los)
essays

1   Here is an extract of a library questionnaire about reading tastes that Isabel has filled in. Read it and mark your own preferences.

Lea e indique sus preferencias de lectura.

¿Qué tipo de lector/a es usted?

	Me gusta/n		No me interesa/n	
	Isabel	Usted	Isabel	Usted
Literatura clásica	X			
Novelas de ciencia ficción			X	
Relatos de viajes	X			
Biografías				
Poesía			X	
Ensayos de filosofia			X	
Libros de historia y política	X			

Gustar-type of verbs

me	gusta	la poesía
te	encanta	leer
le	interesa	

nos	gustan	las revistas
os	encantan	las novelas
les	interesan	

2   Now write some sentences stating what Isabel likes and doesn't like reading
    and what your own reading interests are.

    Escriba.

A Isabel...	A mí...
... le gusta la literatura clásica.	... no me interesa la literatura clásica.
... no le interesan las novelas de ciencia ficción.	...
...	...

3   Listen to *Pista 47,* in which three people are asked about what they like
    reading. Indicate who likes reading the following kinds of reading matter.
    The first has been done for you.

    Escuche e indique.

	Persona (a)	Persona (b)	Persona (c)
La prosa de viaje	✗		
La poesía	✗		
Los ensayos			
Las novelas	✗		

Actividad 4.3 🎧

Here you will learn to use the indirect object pronouns *me, te, le* with different
verbs.

INDIRECT OBJECT PRONOUNS

When you express likes or interests with the verbs *gustar* and *interesar,* you
use the indirect object pronoun. For example, in the following sentence, *le*
is an indirect object pronoun:

> **Le** gusta leer ensayos.

These pronouns are also used with verbs such as *dar* ('to give'), *prestar* ('to
lend'), *decir* ('to say'), *dejar* ('to let' or 'leave') to indicate the person **to
whom** something is given, lent, said, etc.

> Marcos **le** da un regalo.   (Marcos gives **him / her** a present;
> literally: Marcos gives a present **to him/her**)

> ¿**Me** prestas un bolígrafo?   (Will you lend **me** your biro?,
> literally: Will you lend a biro **to me**?)

G

See the section on this type of pronoun in the grammar book.

Indirect object pronouns	
Singular	**Plural**
me	nos
te	os
le	les

1   Match the two halves of these requests. You will check your answers in the next step.

Enlace.

(a) Por favor, ¿me escribe la referencia…

(b) Por favor ¿me enseña el catálogo…

(c) Disculpe, ¿me puede decir dónde…

(d) Y ustedes, ¿me dejan leer…

(i) … está la sección chilena?

(ii) … mi libro?

(iii)… de este libro aquí?

(iv)… del Fondo General?

fondo (el)
collection (of a library)

2   Now listen to *Pista 48* to check your answers. Use the transcript as well, if necessary.

Escuche y compruebe.

3   Reorder the elements of each sentence.

Ordene los elementos de cada frase.

Ejemplo

¿ – prestas – me – un libro – ?

¿Me prestas un libro?

(a) ¿ – enseñas – las – fotos – me – ?

(b) Maria – escribe – una – carta – le

(c) Pedro – una – revista – da – le

(d) ¿ – das – tu – dirección – me – ?

(e) Ana – siempre – presta – te – dinero

Enpoca**spalabras**

Dictionary skills: checking spelling, gender and grammatical use

Dictionaries are often used to correct the spelling, gender or grammatical category of a word.

1   For each of the following sentences, choose the right option to translate the word in bold. Only one option from each group has the correct spelling. Do not look the words up in the dictionary yet, just have a guess.

   Elija la opción adecuada.

   (a) I love reading **mystery** novels.

   Me encanta leer las novelas de…   (i) mistero   (ii) mysterio   (iii) misterio.

   (b) I read **spy** novels at night.

   Leo novelas de…   (i) espías   (ii) spías   (iii) espíes

   (c) **Action** films are fun.

   Las películas de…   (i) ación   (ii) actión   (iii) acción   … son divertidas.

   (d) In my school there is a **reading** room.

   En mi escuela hay una sala de…   (i) lectura   (ii) letura   (iii) lestura.

2   Now confirm your guesses in the Spanish section of the dictionary.

   Ahora compruebe en el diccionario.

Vocabulary practice: grouping words around subjects

Group each of the actions below into one of the three categories they relate to.

Clasifique las acciones.

En el camping:	En la biblioteca:	En la fiesta:

envolver regalos

bañarse en la piscina

consultar libros de referencia

cocinar con camping gas   preparar las bebidas   leer

inflar globos   buscar información

sacar libros

montar la tienda de campaña

hacer tarta de cumpleaños

lavar la ropa

Léxico básico

biblioteca pública (la)	*public library*	periódico (el)	*newspaper*
biografía (la)	*biography*	poesía (la)	*poetry*
catálogo (el)	*catalogue*	prestar	*to lend*
ciencia ficción (la)	*science fiction*	referencia (la)	*reference*
cinta (la)	*tape*	relatos de viajes	*travel books*
consultar (libros de referencia)	*to look up (reference books)*	revista (la)	*magazine*
		sacar libros	*to borrow / take out books*
ensayo (el)	*essay*		
libro de historia (el)	*history book*	sala de	
novela (la)	*novel*	lectura (la)	*reading room*

Sesión 5
Estamos conectados

In this session you will hear about the use of new technologies as a means of communication and a source of information.

Key learning points

- Talking about new technologies
- Describing the purpose of an action: *para* + infinitive
- Use of the prepositions *en, para, con, sin, a, de*

Actividad 5.1

Here you will use a newspaper cutting to learn to use the title of a newspaper to anticipate what it is about.

1 Read the following title of a newspaper article and tick what you think it is likely to be about.

Lea y marque con una cruz.

desarrollan
they develop

3% de internautas desarrollan adicción a la Red

(a) El uso de drogas en internet. ☐

(b) La dependencia al uso de internet. ☐

por parte de
by

(c) El uso de drogas por parte de los internautas. ☐

PREDICTING THE GIST OF AN ARTICLE

Headlines and titles are meant to give an idea of the general gist of a text. By taking time to reflect on a title before reading, you will get a better idea of the meaning of the article before you read it. This will help you to become more adept at following the details of the text and inferring the meaning of unknown words.

2   Read the text and answer the following questions in English.

Lea y conteste en inglés.

(a) What other addictions are mentioned?

(b) What are the sectors of the population most affected by this, according to the article?

(c) List any two symptoms of internet addiction mentioned in the text.

se une…
is added

adicción al juego (la)
gambling addiction

incluso algunos
some people even

dejan de comer
they stop eating

Cada día hay más gente que no puede vivir sin **conectarse a la Red.** A las adicciones más conocidas como **la heroína** o al alcohol se une ahora la **adicción** de Internet. No hay sustancias, simplemente **el teclado, la pantalla y la conexión.** […] En muchos casos se convierte en **una dependencia** similar al juego o a **las drogas.** Los más afectados son las personas solteras y las paradas.

Algunos **síntomas** de esta **enfermedad** son la necesidad de aumentar el tiempo de estancia frente al **ordenador**, aislamiento, nerviosismo, irritabilidad e incluso algunos dejan de comer.

(Adapted from *LaCorrienteAlterna.com,* text by Mara Álvarez, http://www.yupimsn.com/tecnologia/leer_articulo.cfm?article_id=38639) [last accessed 2/5/2003]

3   Read the text again and classify the words in bold according to which of the following categories they are related to:

Lea y clasifique.

The Internet:

Addictions:

Ill health:

Actividad 5.2 🎧

Here you will find out what some Valencians use the Internet for.

a menudo
often

1   Listen to *Pista 49* and mark in the table overleaf whether the six students interviewed use the Internet and where. The first has been done for you.

Escuche y marque con una cruz.

	En casa	En casa de amigos/amigas	En cibercafés
Estudiante (a)		x	
Estudiante (b)			
Estudiante (c)			
Estudiante (d)			
Estudiante (e)			
Estudiante (f)			

2 Tick from the list below what you use or would use the Internet for.

Lea y marque con una cruz.

(a) para consultar periódicos

(b) para ver el correo electrónico

(c) para chatear con amigos

(d) para enviar mensajes a móviles

(e) para buscar información

(f) otros usos (specify)

3 Now listen to *Pista 50* and complete the following statements. You may need to pause and listen again in order to write.

Escuche y complete.

(a) La primera persona usa internet para…

(b) La segunda persona entra y…

(c) La tercera persona no…

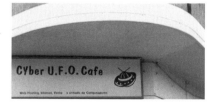

Actividad 5.3

Here you will consolidate the use of some common prepositions.

REVIEW OF THE PREPOSITIONS *EN, PARA, CON, SIN*

En is used to locate space and to express a point in time (with years, months and seasons):

> Uso internet **en** casa.

> **En** verano hace calor.

Para + infinitive is used to indicate the purpose of an action:

> Uso internet **para** buscar información.

Para also refers to the person for whom something is intended:

> Este regalo es **para** José.

> *Con* means 'with', and *sin* means 'without':
>
> > Uso internet para chatear **con** los amigos.
> >
> > Alguna gente no puede vivir **sin** internet.

Fill in the gaps with the prepositions *en*, *para*, *con* or *sin*.

Rellene los espacios.

(a) Uso el chat _____ conocer gente.

(b) En general yo me comunico _____ mi familia por internet. Voy al ciber café _____ leer mi correo electrónico.

(c) En mis viajes, consulto el correo electrónico _____ los cibercafés.

(d) Tengo que imprimir una copia _____ Lola. La necesita ahora.

(e) Pero ¡no puedes imprimir _____ tinta! La impresora no tiene tinta.

tinta (la)
ink

(f) No tengo internet _____ casa.

Actividad 5.4 🎧

> **REMINDER OF PREPOSITIONS *A* AND *DE***
>
> Among other uses, *a* may express direction or indicate the time at which something is done.
>
> > Voy **a** Santiago.
> >
> > Empiezo el trabajo **a** las ocho.
>
> *De* is used to express origin, material and possession.
>
> > Soy **de** Andalucía.
> >
> > La iglesia es **de** piedra.
> >
> > El bolso **de** María.

Listen to *Pista 51*, in which you will take part in an interview about mobile phones.

Escuche y participe.

Español de bolsillo 🎧 (Pista 68)

¿Para qué utiliza el móvil? *What do you use your mobile phone for?*

Para enviar e-mails. *To send e-mails.*

¿Con quién habla? *Who do you talk to?*

Con mis amigos. *To my friends.*

Léxico básico

chatear	*to chat (on the Net)*	mensajes de texto (los)	*text messages*
conexión a		página web (la)	*Web page*
internet (la)	*Internet connection*	pantalla (la)	*screen*
imprimir	*to print*	teclado (el)	*keyboard*
la Red	*the Web*	tinta (la)	*ink*
mandar	*to send*		

Sesión 6
He ido a la playa

Patricio decides to explore the Costa de la luz, in the province of Cádiz in the south of Spain.

Key learning points

- Talking about recent events
- Present perfect

Actividad 6.1

In this activity you will learn how to talk about recent events, and will be introduced to the present perfect tense.

TALKING ABOUT RECENT EVENTS

To talk about recent actions, the present perfect is used.

He limpiado la casa. (I've cleaned the house.)

Hoy he comido mucho. (I've eaten a lot today.)

The present perfect is formed with the present tense of the verb *haber* (see table below) and the past participle (*viajado, tomado,* etc.) of any verb.

The present perfect	
he	
has	
ha	viajado
hemos	comido
habéis	vivido
han	

The past participle is formed by removing the infinitive ending and adding *-ado* for *-ar* verbs, and *-ido* for *-er* or *-ir* verbs.

Notice that the past participle in this tense is invariable, it does not agree in number or gender with the subject of the sentence:

Past participle	
(hablar)	hablado
(comer)	comido
(vivir)	vivido

María y Ana han tomado el tren.

Niñas, ¿habéis comido bien?

In Latin America the present perfect is not usually used to express recent events in conversation. The preterite (simple past), which you will study later in the course, is used instead, similar to American English 'What did you eat today?' rather than 'What have you eaten today?'.

Patricio arrived at the village of Zahara de los Atunes at night.

1   Here is a page in his diary about the journey. Read it and trace on the map
    the route he has taken.

    Lea y marque en el mapa.

el AVE
*Spanish high
speed train*

> ### 2 de agosto
>
> Bueno, por fin he llegado a Zahara. Ha sido un
> viaje muy largo. Esta mañana he tomado el AVE
> de Valencia a Madrid. Luego he viajado de Madrid
> hasta Sevilla, en otro AVE. En Sevilla, he tomado
> el tren regional a Cádiz. Y en Cadiz he alquilado un
> coche. He pasado por San Fernando y Chiclana. De
> Vejer de la Frontera a Zahara he ido por una
> carretera pequeña,…

2   Read the diary again and underline all the verbs in the present perfect.

    Subraye los verbos.

The use of the present perfect in Spanish and English is often the same. But if you look at Patricio's letter above and translate into English, you will see that from the third verb (*he viajado*) onward, you would use the past tense in English instead of the present perfect:

> Well, I've finally arrived in Zahara. It's been a very long journey. This morning **I took** the AVE from Valencia to Madrid. Then **I travelled**…

So in Peninsular Spanish, events that took place either 'today' or 'this morning' are expressed in the present perfect.

3   Now rewrite the text to give an account of Patricio's journey.
   Escriba.

Ejemplo
   Patricio ha llegado a Zahara.

Actividad 6.2 🎧

Here you will hear about the village of Zahara de los Atunes.

ZAHARA DE LOS ATUNES

Zahara de los Atunes

Zahara de los Atunes derives its name from the tuna fish (*atún*) caught off its coast since ancient times – the Phoenicians, Romans and Arabs fished tuna in this area using a system of nets kept in boats very close to the shore, called *almadrabas*, which are still used today. The name Zahara is a common Arabic girls' name. More place names of Arabic origin are found in Andalusia than in any other part of Spain because it is the area in which the Moorish (= Arab/Berber) occupation was longest and strongest.

han arreglado
they have repaired

la gente de fuera
people from outside

arena (la)
sand

1   Listen to *Pista 52* and list the things that have changed or have not changed in the village.

     Escuche y anote.

¿Qué ha cambiado en Zahara de los Atunes?	¿Qué no ha cambiado?
Han arreglado las carreteras.	…
…	…

2   Listen to *Pista 53* and talk about your day on the beach using the prompts.

     Escuche y participe.

Activity 6.3 🎧

Here you will practise the present perfect with irregular past participles.

Irregular past participles					
(ver)	visto	(hacer)	hecho	(poner)	puesto
(romper)	roto	(volver)	vuelto	(abrir)	abierto
(decir)	dicho	(escribir)	escrito		

1   Complete this table with the singular persons of the present perfect.

     Complete la tabla.

	ver	hacer	poner	romper	escribir	volver	abrir
yo	he visto						
tu	has visto						
él/ella/Ud.	ha visto						

2   Listen to *Pista 54* and answer the questions there using the prompts.

     Escuche y participe.

Español de bolsillo 🎧 *(Pista 69)*

¿Qué has hecho esta mañana?   *What have you done / did you do this morning?*

He ido de compras.   *I've been / I went shopping.*

¿Qué has hecho al mediodía?   *What did you do at lunchtime?*

He comido pescado.   *I had fish for lunch.*

¿Qué has hecho este mes?   *What have you done this month?*

No me acuerdo.   *I can't remember.*

Activity 6.4

acantilado (el)
cliff

en lo alto de
una colina
high up on a hill

calles
empinadas
steep streets

Here is a programme of activities for a day trip inland from Zahara de los Atunes. You have managed to do everything it says. Write down in your diary what you have done that day by changing the infinitives in the text into the present perfect.

Escriba en su diario.

Ejemplo

Por la mañana he hecho una excursión al parque natural de la Breña y…

Por la mañana

Hacer una excursión al parque natural de la Breña y dar un paseo por los acantilados.

Vejer de la Frontera

Al mediodía

Subir hasta el pueblo de Vejer de la Frontera (en lo alto de una colina). Caminar por sus calles blancas y

Barbate

Medina Sidonia

empinadas. Comer en el Mesón *El Palenque* y escribir postales.

Después de comer

Ir al pueblo histórico de Medina Sidonia. Entrar en el Palacio de los duques de Medina Sidonia. Ver el castillo de Santiago. Volver por Barbate.

Léxico básico

acantilado (el)	*cliff*		ir de compras	*to go shopping*
arena (la)	*sand*		nadar	*to swim*
caminar	*to walk*		orilla (la)	*shore*
colina (la)	*hill*		playa (la)	*beach*
dar un paseo	*to go for a walk*		tomar el sol	*to sunbathe*
empinado	*steep*			
hacer una excursión	*to go on a trip*			

Sesión 7
Toco la flauta

As an amateur flute player, Patricio is very interested in the musical bands which villages and neighbourhoods in the region of Valencia are proud of.

Key learning points

- Talking about how long you have been doing something

- Expressions of frequency: *un día a la semana,* etc.

Activity 7.1

PRONUNCIATION OF *J, GE/GI*

This sound is a throaty, guttural sound, pronounced with varied degrees of harshness in the different Spanish speaking regions. Here are some examples of words in which it appears:

jamón **Je**rez **Ji**ménez **Jo**sé **Ju**an **ge**neral **gim**nasia

1   Read the transcript of *Pista 55*, and underline the letter of every word in which the sound is found.

Lea y subraye.

2   Listen to *Pista 55* and repeat.

Escuche y repita.

Actividad 7.2 🎧

Here you will learn some vocabulary for musical instruments.

1   Look at these pictures of musicians and tick the instruments that are normally found in a traditional street band.

   Observe y marque con una cruz.

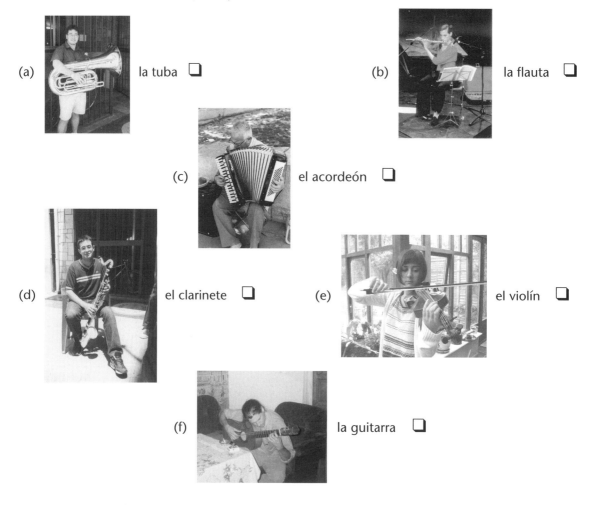

(a)   la tuba ☐

(b)   la flauta ☐

(c)   el acordeón ☐

(d)   el clarinete ☐

(e)   el violín ☐

(f)   la guitarra ☐

2   Listen to *Pista 56* and see how many instruments you can recognise.
   Escuche y participe.

MUSICAL BANDS IN VALENCIA

Valencia is the region of Spain that has the greatest number of musical bands and musical associations. Valencian bands are military in origin and they arose in the beginning of the 19th century, during the Peninsular War against the Napoleonic army. These bands are formed from the local *Sociedades Musicales* (music societies), which train band musicians.

Actividad 7.3 🎧

SAYING HOW LONG YOU HAVE BEEN DOING SOMETHING

To talk about when an existing habit or recurrent action started in the past, the preposition *desde* (since) is used with an expression of time (a year, a month, a date, a period in the past):

> **¿Desde cuándo** tocas el piano?

> Toco el piano **desde el año pasado?**   (I've been playing the piano since last year)

> Juego al tenis **desde los ocho años.**   (I've been playing tennis since the age of eight <u>or</u> since I was eight.)

The verb is used in the present tense: *tocas, toco.* Note that the present perfect is not used in this construction.

---

1   Expand the following elements into full sentences. They all say how long ('since when') Patricio has been doing certain things.

Construya frases.

Ejemplo

vivir / Valencia / verano pasado

Vive en Valencia desde el verano pasado.

(a) conocer a / Amalia / enero

(b) conducir / 1998

(c) trabajar / como arquitecto / año pasado

(d) estudiar / valenciano y catalán / septiembre

(e) tocar / flauta / los ocho años.

2   Listen to *Pista 57* and use the prompts to say when you started doing different habitual actions.

Escuche y participe.

> *Español de bolsillo* 🎧 *(Pista 70)*
>
> ¿Desde cuándo juegas al golf?   *How long have you been playing golf?*
>
> Juego al golf desde el 2000.   *I've been playing golf since the year 2000.*
>
> ¿Desde cuándo estudias español?   *How long have you been studying Spanish (for)?*
>
> Estudio español desde noviembre.   *I've been studying Spanish since November.*

Actividad 7.4 🎧

Practice makes perfect.
Some members of a
Valencian band talk about
how often they practise.

1 Listen to *Pista 58* and
choose the right
option to complete
this statement.

Escuche y complete.

> Los miembros de
> la banda ensayan…

(a) muy a menudo.   (b) algunas veces.   (c) muy poco.

> **Español de bolsillo** 🎧 *(Pista 71)*
>
> ¿Cuántos dias a la semana ensayas?
>   *How many days a week do you practise?*
>
> Un día a la semana.   *One day a week.*
>
> ¿Cuántas horas tocas al día?   *How many
>   hours do you play a day?*
>
> Toco alrededor de dos horas.   *I play for
>   about two hours.*

EXPRESSING FREQUENCY

You can give details about how regularly you do something, by specifying
how many times, hours, days, months in a given period you do this.

Normalmente, hago la compra **dos veces a la semana**.

Toco el piano **dos horas al día**.

	una vez	al día.
Practico el violín	dos veces	a la semana.
	tres horas	al mes.
		al año.

---

2 Write answers to these questions about your regular habits.

Ahora conteste por escrito.

Ejemplo

¿Cuántas horas al día ve la televisión?

Veo la televisión una hora al día. / No veo la televisión.

(a) ¿Cuántas veces come al día ?

(b) ¿Cuántas noches a la semana sale?

(c) ¿Cuántas horas a la semana hace deporte?

(d) ¿Cuántos días de vacaciones tiene al año?

(e) ¿Cuántas veces al año viaja al extranjero?

Activity 7.5

Look at this cartoon by of the Argentinian cartoonist Quino. Correct the inaccuracies in the description of the cartoon below.

Observe y corrija.

(From *Bien, gracias, ¿y usted?*, Quino, Editorial Lumen, Barcelona, 1976, p. 92)

Es por la mañana. El papá está tocando la flauta y está componiendo música. La mamá está comiendo. El bebé está riendo. El papá lleva pijamas y zapatillas.

Léxico básico

acordeón (el)	*accordion*		flauta (la)	*flute*
banda (la)	*band*		guitarra (la)	*guitar*
cantar	*to sing*		llorar	*to cry*
clarinete (el)	*clarinet*		música (la)	*music*
conducir (Sp)	*to drive*		tuba (la)	*tuba*
ensayar	*to rehearse; to practise*		violín (el)	*violin*

Sesión 8

Querida Mónica:

In this session Isabel travels to the north of Chile and explores the Atacama region and the most famous desert in Latin America.

Key learning point
- Writing informal letters

Activity 8.1

THE ATACAMA DESERT

Located between the Andes and the coastal range, this is one of the driest deserts in the world. Since the water from the melting of snow from Andes is trapped in this basin, strong evaporation gives rise to the famous salt flats

(*salares*) in the region. This region is marked by the history of its once numerous and rich mines: silver, copper, saltpeter and nitrates. The discovery of these deposits and consequent disputes over borders were the main grounds of contention that sparked the War of the Pacific (1874–1881) between Chile, Bolivia and Peru. Following Chilean victory, the Atacama region changed hands from Bolivia to Chile and resulted in Bolivia losing its access to the Pacific Ocean. (Bolivia and Paraguay are the only landlocked countries in Latin America.)

1 Read the letter on the opposite page and say what the main purpose of it is by choosing one of the three options below.

Lea y elija.

(a) Isabel invites Mónica to come to Chile.

(b) Isabel asks Mónica for some photos.

(c) Isabel describes the area and says what she has been doing there.

2 Match each section (a)–(f) of the letter with its appropriate function listed below.

Enlace.

Ejemplo
(a) – (v)

(i) Location and description of the place

(ii) Account of what she has done

(iii) Farewell

(iv) Heading and greetings

(v) Place and date

(vi) Posdata

mina (la)
mine

cobre (el)
copper

salitre (el)
saltpeter

a— San Pedro de Atacama
23 de julio de 2004

b— Querida Mónica:

¿Qué tal estás? ¿Cuándo te vas de vacaciones?

c— Yo estoy pasando unos días en el desierto de Atacama, en el norte de Chile, en la Región II. Es una región increíble: el desierto es inmenso, con pequeños oasis. También hay montañas, playas maravillosas y minas de cobre y salitre.

d— He llegado esta mañana a este pueblo. He visitado la iglesia y he ido a la casa inca (la casa de Pedro Valdivia), y el edificio más antiguo del pueblo (s. XVII).

Bueno, ahora tengo que salir.
Escríbeme pronto. Recuerdos a tu familia.

e— Un fuerte abrazo,

Isabel

f— P.D. Te mando varias fotos que he tomado de la zona.

INFORMAL LETTER WRITING CONVENTIONS

The full address of the sender is not usually written at the start of a letter, just the date and city. Dates in letter writing are written without the definite article.

> Madrid, 3 de julio de 2002

> Santiago, 4 de noviembre de 2004

Headings are separated from the greetings that follow by a colon:

> Querida Juana:

> Hola Juana:

Farewells vary in degree of familiarity. Here are some common formulae, from less to more familiar:

> **Un saludo** (Regards)

> **Un (fuerte) abrazo** (Best wishes / love)

> **Un beso** (love)

> **Besos a todos** (love to everybody)

> **Con mucho cariño** (with love)

The English custom of writing crosses and circles to represent kisses and hugs does not exist in Spanish.

Activity 8.2

Write a letter to a friend, of about 100–150 words, describing a place you have been to recently or have read about. Include the following points:

- place and date;
- heading and greeting;
- stating where you are and describing the place;
- telling what you have done that day or week ;
- farewell.

EspejoCultural

Now you will shift from verbal and written means of communication to looking at the use of gestures.

1   Match these expressions with their English translations.

Enlace las expresiones.

(a) No sé.	(i) It's a tricky situation.
(b) Está loca.	(ii) There are a lot of people.
(c) La comida está buenísima.	(iii) She's crazy.
(d) Hay mucha gente.	(iv) I don't know.
(e) La situación es difícil.	(v) The food is delicious.

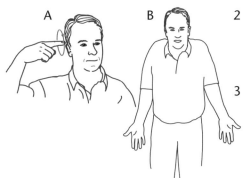

2　Now look at these drawings of gestures and match them with the expressions above.

Observe y enlace.

3　Are any of the gestures shown here common in your culture?

¿Estos gestos se utilizan en su cultura?

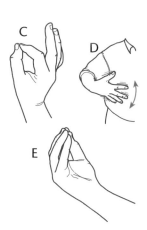

Enpocas**palabras**

Vocabulary learning strategies: organizing vocabulary by grammatical type

Here you will be revising and expanding vocabulary related to the beach. First you will work on nouns, then adjectives and finally verbs.

1　Naming the different elements of an illustration is a fun way to revise or learn vocabulary. Choose the appropriate noun for the different things highlighted in this drawing.

Elija el sustantivo adecuado.

> el sol • el mar • la arena • la orilla • el barco de vela •
> las sombrillas • la caña de pescar • las olas

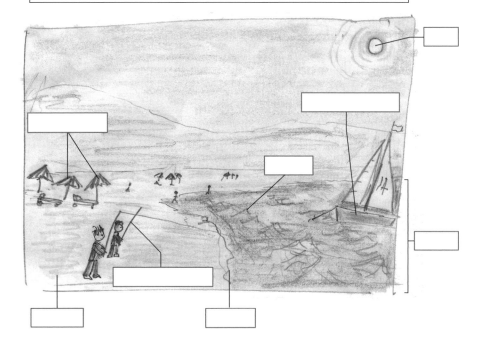

2   Now for some adjectives to describe the seaside. Cross the odd one out.

Tache el intruso.

(a) La playa es…

    (i) inmensa   (ii) pequeña   (iii) moderna

(b) El agua del mar es…

    (i) azul   (ii) divertida   (iii) transparente

(c) La arena es…

    (i) redonda   (ii) fina   (iii) blanca

3   Sometimes it is easier to learn verbs with the nouns they commonly go with. Match the verbs on the left with the nouns (or prepositions and nouns) on the right, to form common phrases for seaside activities.

Enlace.

(a) tomar	(i) windsurfing
(b) nadar	(ii) en el mar
(c) navegar en	(iii) el sol
(d) hacer	(iv) la orilla
(e) pasear por	(v) un barco de vela

Diario hablado

Think of a beach you know and answer the questions. Then record yourself.

(a) ¿Dónde está la playa?

(b) ¿Cómo es la playa?

(c) ¿Qué le gusta hacer en la playa?

Léxico básico

barco de vela (la)	*sailing boat*	navegar	*to sail*
caña de pescar (la)	*fishing rod*	oasis (el)	*oasis*
desierto (el)	*desert*	ola (la)	*wave*
mina (la)	*mine*	sombrilla (la)	*sunshade*

Repaso

This session is designed to help you revise the language that you have learned so far in this unit.

EL CÓMIC

In this comic strip, Inés is away on a business trip, and she rings back home to check that everything is alright. Choose the appropriate verb phrase from the box to complete the voice bubbles.

Complete los diálogos.

has recogido a los niños • he hecho la comida • he limpiado
la casa • he llevado a los niños

CADA PALABRA EN SU LIBRO

1 In each of these series of words, there is one word that is out of place. Put it in the 'book' it belongs in.

Ponga la palabra intrusa en su libro.

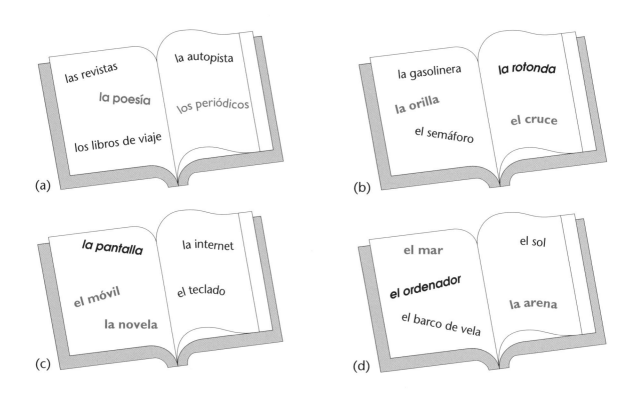

(a)
las revistas
la autopista
la poesía
los periódicos
los libros de viaje

(b)
la gasolinera
la rotonda
la orilla
el cruce
el semáforo

(c)
la pantalla
la internet
el móvil
el teclado
la novela

(d)
el mar
el sol
el ordenador
la arena
el barco de vela

2 Now choose the right title for each of the books.

Elija el título adecuado.

La Carretera

La Playa

LAS TECNOLOGÍAS

La Biblioteca

LA BANDA DEL PUEBLO

It's been a long day playing in this village band and some of the musicians have decided to take an unofficial break. Use the appropriate infinitive from the box to describe what Antonio, Begoña, Manolo, Josep and Emilia are each doing.

Describa lo que está haciendo cada músico.

Ejemplo

Antonio está comiendo un bocadillo.

comer un bocadillo • leer una revista • escribir una carta •
hablar por el móvil • escuchar música en el Walkman

MI GRAMÁTICA: Dos tiempos / Two tenses

1 **The Present Progessive**. Complete this table with all the forms of the verb *estar* and the gerund of the infinitives in brackets. The first has been done for you.

Complete la tabla.

yo	estoy	(lavar) lavando
tú		(comer)
él/ella/Ud.		(escribir)
nosotros, -as		(dormir)
vosotros, -as		(leer)
ellos/ellas/Uds.		(ver)

2 **The Present Perfect**. Complete this table with all the forms of the verb haber and the past participle of the infinitives in brackets.

Complete la tabla.

yo	he	(trabajar) trabajado
tú		(leer)
él/ella/Ud.		(dormir)
nosotros, -as		(hacer)
vosotros, -as		(volver)
ellos/ellas/Uds.		(escribir)

EL CANCIONERO 🎧

Now you can listen to song about a musical mayor (*alcalde*).

1 Listen to *Pista 59*. How many instruments does the town mayor play?

Escuche y conteste.

2 Listen to *Pista 59* again and fill in this part of the transcript. Check your answers in the transcript.

Escuche y complete.

"El alcalde_____ _____ _____ tiene mucha ilustración.
Y _____ _____ el chistu.
Y un poquito _____ _____.
Y _____ la pandereta y _____ _____ Pantaleón".

chistu (el)
a type of Basque flute

pandereta (la)
tambourine

3 Listen to *Pista 59* again and sing along if you wish.

Escuche y cante si lo desea.

EMOTICONES

You have received the following icons on your mobile from various people you know. Use the appropriate adjective from the box and the verb *estar* to describe how they are feeling. Remember to make the adjectives agree with the subject in gender and number.

Describa los sentimientos.

Ejemplo

(a) Ana está contenta.

(a) Ana

(b) Pedro y Asunción

(c) mis hermanas

(d) mi amigo Juanma

(e) Isabel

(f) Martita

---

sorprendido • nervioso • triste • contento • mal / fatal • enfadado

---

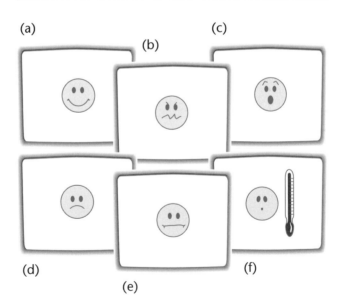

(a)   (b)   (c)

(d)   (e)   (f)

DOCUMENTAL 🎧

In this edition of the documentary series, you will hear about La Albufera, the second most important wetland reserve in the Iberian Peninsula (after El Coto de Doñana in the south).

Listen to *Pista 60* and choose the correct option to complete each statement.

Escuche y elija.

(a) La pasión de Julia son…

    (i) las aves   (ii) los pinos   (iii) las dunas

(b) Julia va a La Albufera en…

    (i) coche   (ii) tren   (iii) autobús

(c) La Albufera está…

    (i) a dos horas   (ii) a unos 45 minutos   (iii) a una hora 45 minutos de Valencia

(d) La gente suele venir…

    (i) en primavera y verano   (ii) en primavera, otoño e invierno   (iii) en verano

(e) Los excursionistas están…

    (i) contentos   (ii) decepcionados   (iii) cansados con la visita al parque

(f) En La Albufera hay…

    (i) lagos y montañas   (ii) lagos y un observatorio de aves   (iii) lagos y desiertos

Glossary

aves (las)
birds

dunas (las)
dunes

pinos (los)
pine trees

en principio
(here) *in general*

sobre todo
mainly

riqueza natural (la)
natural wealth

binoculares (los)
binoculars

Vistas de La Albufera

Sesión 10
¡A prueba!

This session consists of a self-assessment test which will give you an idea of the progress you have made in this unit. In the *Clave* you will find answers, explanations and revision tips.

Part A

Test your vocabulary

Look at the words below and cross the odd one out in each group.

Tache la palabra intrusa.

(a) aburrido • alto • nervioso • preocupado • sorprendido

(b) carretera • gasolinera • rotonda • cruce • banco

(c) semáforo • lavandería • duchas • bungalow • tienda de campaña

(d) tarta de cumpleaños • globos • periódico • regalos • felicitación

(e) poema • novela • revista • libro de historia • bolígrafo

(f) para • con • sin • de • también

(g) internet • ordenador • correo electrónico • sellos

(h) cocinar • chatear • mandar mensajes • buscar información • reservar entradas

(i) tomar el sol • esquiar • nadar • pasear • hacer windsurf

(j) músico • instrumento • flauta • banda • camarero

Test your grammar

1   Complete this description of the park with the present progressive (eg, *estoy trabajando, está comiendo,* etc.) of the verb in brackets.

Complete esta descripción.

césped (el)
lawn

patos (los)
ducks

Hay mucha gente en el parque. Unos chicos (a) _____ (jugar) a la pelota. Los padres (b) _____ (hablar) cerca de los niños. Un señor _____ (dormir) en el césped. Al lado de él, una señora (c) _____ (leer) el periódico, unos niños (d) _____ (dar) pan a los patos.

2   Here is Isabel's account of her passion for golf. Fill in the gaps with the correct preposition from the box.

Rellene los espacios.

con • a • en • desde • para

correr
to run

Juego al golf (a) _____ los 18 años. Normalmente juego _____ unas amigas. Solemos jugar _____ club de golf que hay cerca de mi casa. Vamos allí con bastante regularidad, en general, jugamos una vez _____ la semana. Yo pienso que el golf es un ejercicio muy bueno _____ estar en forma, sin tener que correr.

3   Here is a page in the diary of a 12 year-old Spanish girl who is at a summer
     course in Cambridge. Fill in the gaps with the present perfect (*he estado, he
     corrido*, etc.) of the verb in brackets.

     Rellene los espacios.

academia (la)
*language
school*

> Hoy ha sido un día estupendo. Esta mañana (a)_____(tener) clases
> de inglés en la academia. Luego mi amiga colombiana y yo (b)
> _____ (ir) de compras al centro. Después de comer, mis
> compañeros de clase y yo (c) _____ (hacer) 'punting' por el río
> Cam y (d) _____ (ver) los jardines de los colleges. Por la noche, yo
> (e) _____ (volver) sola en autobús a casa.

Part B 🎧

Test your listening skills

Listen to *Pista 61,* in which Elena rings up Luis for a chat. Answer the following
questions, in English.

Escuche y conteste en inglés.

(a) How is Luis feeling?

(b) What has he done that day?

(c) What is he doing when Elena rings?

Part C

Test your speaking skills

Look at the woman in the photograph and use your imagination to answer
these questions. Then record yourself describing the picture.

Conteste las preguntas y grábese en su cinta.

- Where do you think she is?

- Who is she with?

- What are they doing?

- What are the people
  around her doing?

- How do you think she
  is feeling today?

Part D 🎧

Test your communication skills

Here you will hear about some friends who have gone camping to a seaside resort called Cullera, south of Valencia.

1   Listen to *Pista 62* and match the three names below with the appropriate illustration showing what they are doing.

Escuche y enlace.

(a) Juanito:…

(b) Ana:…

(c) Paco:…

(i)

(ii)

(iii)

(iv)

(v)

2   You will now hear some directions inside the campsite of Santa Marta in Cullera. Imagine you are by the offices. Listen to *Pista 63* and locate the following facilities on the map.

Escuche y localice en el mapa.

(a) the children's playground;

(b) the laundry;

(c) the supermarket.

3   You are now in your favourite seaside resort. Write a letter of 90–110 words to a Spanish friend from there. Include the following points.

Escriba una carta.

(a) place and date;

(b) heading and greetings;

(c) say where you are and describe the place;

(d) say what you have done that day;

(e) farewell.

Clave

Actividad 1.1

1 (a) – (iii), (b) – (ii), (c) – (iv), (d) – (v), (e) – (i).

2 (a) están / se encuentran tranquilas

 (b) está / se encuentra nerviosa

 (c) está / se encuentra regular

 (d) estoy / me encuentro triste

Actividad 1.2

1 (a) Fernando está **muy bien**.

 (b) Ignacio se encuentra **regular**. **No se encuentra muy bien**.

 (c) Paloma está **muy contenta**.

Actividad 1.3

1 **Positive moods**: (b) estoy relajado.

 Negative moods: (a) estoy preocupada, (c) estoy aburrida, (d) estoy muy cansada, (e) estoy deprimido, (f) estoy decepcionado, (g) estoy enfadado.

2 (b), (d) and (e).

3 (a) A Fernando le encanta **bailar salsa**.

 (b) Paloma necesita **dormir**.

 (c) Las muchachas **no quieren bailar** con Ignacio.

4 (a) María está nerviosa.

 (b) Marta y Raquel están aburridas.

 (c) Estoy fatal.

 (d) Estoy enfadado.

 (e) Estoy decepcionado.

 (f) Monica se encuentra muy preocupada.

 (g) Anita está muy contenta.

Actividad 2.1

1 (a) – (ii). (*It is built on a big rock which protrudes into the sea.*)

 (b) – (ii). (*The text mentions that it still preserves its 15th century splendour.*)

 (c) – (ii). (*Pope Benedict XIII, known as* Papa Luna.)

2 (a) típicas **calles**, (b) **casas** blancas, (c) el majestuoso **castillo**, (d) enigmático **papa**.

 Adjectives in Spanish usually go after the noun (e.g. *las casas **blancas***), but they may go before the noun for a more emphatic and expressive effect (e.g. ***majestuoso** castillo, **típicas** calles*).

Actividad 2.2

1 (a) – (iii), (b) – (iv), (c) – (viii), (d) – (vii), (e) – (i), (f) – (v), (g) – (ii), (h) – (vi).

Actividad 2.3

1 (a) rotonda , (b) gasolinera, (c) semáforo, (d) autopista.

2 The campsite is the large dark grey area on the right side of the plan beside the petrol station ("… *el camping está allí, justo después de la gasolinera*").

Actividad 2.4

1 (a) al final, (b) junto, (c) detrás, (d) al lado, (e) entre, (f) delante del.

Actividad 3.1

1 (a) (i) Está en un coche.

 (ii) Está en el cuarto de baño.

 (iii) Está en una oficina / en el trabajo.

 (b) (i) Lleva un vestido y gafas de sol.

 (ii) Lleva un pijama(s).

 (iii) Lleva chaqueta y corbata.

2 Dialogue (a) – (iii), dialogue (b) – (i), dialogue (c) – (ii).

Actividad 3.2

1 (a) Patricio **está poniendo** los aperitivos en la mesa.

(b) Raquel **está envolviendo** los regalos.

(c) Juan **está limpiando**.

(d) Anabel **está escribiendo** la felicitación.

(e) Ana **está haciendo** una tarta de cumpleaños.

(f) Susana **está inflando** globos.

Actividad 3.3

(a) Raquel y su familia están bebiendo y comiendo. Están hablando.

(b) Ana y Anabel están bailando.

(c) Juan está durmiendo.

(d) Amalia está riendo.

Actividad 4.1

(a) – (iii), (b) – (iv), (c) – (i), (d) – (ii).

Actividad 4.2

2 Here is a further example for Isabel and one for you:

A Isabel le gustan los relatos de viajes.

A mí no me gusta la poesía.

3 Here are the reading tastes of the three people interviewed:

	(a)	(b)	(c)
La prosa de viaje	✗		
La poesía	✗		
Los ensayos			✗
Las novelas	✗	✗	✗

Actividad 4.3

3 (a) ¿Me enseñas las fotos?

(b) María le escribe una carta.

(c) Pedro le da una revista.

(d) ¿Me das tu dirección?

(e) Ana siempre te presta dinero.

En pocas palabras

Dictionary skills

2 (a) – (iii), (b) – (i), (c) – (iii), (d) – (i).

Vocabulary practice

En el camping: bañarse en la piscina, cocinar con camping gas, montar la tienda de campaña, lavar la ropa.

En la biblioteca: consultar libros de referencia, leer, buscar información, sacar libros.

En la fiesta: envolver regalos, preparar las bebidas, inflar globos, hacer tarta de cumpleanos.

Actividad 5.1

1 (b). (According to the article, 3% of Internet navigators develop an addiction to the Net.)

2 (a) Heroine, alcohol, gambling, drugs in general.

(b) Unemployed people and single people.

(c) The symptoms mentioned are: the need to increase time in front of a computer, isolation, nervousness, irritability, and stopping eating.

3 **Internet**: conectarse a la Red, el teclado, la pantalla, la conexión, ordenador.

Addictions: la heroína, la adicción, una dependencia, las drogas.

Ill health: síntomas, enfermedades.

Actividad 5.2

1

	En casa	En casa de amigos/amigas	En cibercafés
Estudiante (b)			✗
Estudiante (c)		✗	
Estudiante (d)	✗		
Estudiante (e)	✗		
Estudiante (f)	✗		

2 Examples of other uses of the Internet are: *aprender idiomas, hacer la compra, comprobar la cuenta del banco, encontrar trabajo.*

3 (a) La primera persona usa internet para **enviar mensajes a móviles, para chatear con amigos, para buscar información**.

(b) La segunda persona entra y **consulta los periódicos o el correo electrónico**.

(c) La tercera persona **no usa / utiliza internet**.

Actividad 5.3

(a) Uso el chat **para** conocer gente.

(b) En general yo me comunico **con** mi familia por internet. Voy al cibercafé para leer mi correo electrónico.

(c) En mis viajes, consulto el correo electrónico **en** los cibercafés.

(d) Tengo que imprimir una copia **para** Lola. La necesita ahora.

(e) Pero ¡no puedes imprimir **sin** tinta! La impresora no tiene tinta.

(f) No tengo internet **en** casa.

Actividad 6.1

1 The route he takes is: Valencia → Madrid → Sevilla → Cádiz → San Fernando → Chiclana → Vejer de la Frontera → Zahara de los Atunes.

2 he llegado, ha sido, he tomado, he viajado, he tomado, he alquilado, he pasado, he ido.

3 Patricio **ha llegado** a Zahara. Ha sido un viaje muy largo. Esta mañana **ha tomado** el AVE de Valencia a Madrid. Luego **ha viajado** de Madrid hasta Sevilla, en otro AVE. En Sevilla, **ha tomado** el tren regional a Cádiz. Y en Cádiz **ha alquilado** un coche. **Ha pasado** por Puerto Real, San Fernando, Chiclana. De Vejer de la Frontera a Zahara **ha ido** por una carretera pequeña.

Actividad 6.2

1 **¿Qué ha cambiado en Zahara de los Atunes?**

Han construido hoteles y apartamentos.

Han abierto tiendas.

¿Qué no ha cambiado?

El viento del Este.

La playa.

Actividad 6.3

1 Here is the completed table:

	ver	hacer	poner	romper	escribir	volver	abrir
yo	he visto	he hecho	he puesto	he roto	he escrito	he vuelto	he abierto
tú	has visto	has hecho	has puesto	has roto	has escrito	has vuelto	has abierto
él/ella/Ud.	ha visto	ha hecho	ha puesto	ha roto	ha escrito	ha vuelto	ha abierto

Actividad 6.4

Por la mañana **he hecho** una excursión al al parque natural de la Breña y **he dado** un paseo por los acantilados. Al mediodía, **he subido** hasta el pueblo de Vejer de la Frontera (en lo alto de una colina). **He caminado** por sus calles blancas y empinadas. **He comido** en el Mesón el Palenque y **he escrito** postales.

Después de comer, **he ido** al pueblo histórico de Medina Sidonia. ¡¡Una maravilla!! **He entrado** en el Palacio de los duques de Medina Sidonia. **He visto** el castillo de Santiago. **He vuelto** por Barbate.

Actividad 7.1

1 **j**amón a**j**o **j**efa **G**ema **J**aime **j**uega **J**osé **g**ente **g**imnasia ca**j**a ro**j**a **j**irafa **G**iralda

Actividad 7.2

1 The instruments normally found in traditional street bands are:
(a) la tuba, (b) la flauta, (d) el clarinete.

Actividad 7.3

1 (a) Conoce a Amalia desde enero. (*He has known Amalia since January.*)

(b) Conduce desde 1998. (*He's been driving since 1998.*)

(d) Trabaja como arquitecto desde el año pasado. (*He's worked / been working as an arquitect since last year.*)

(d) Estudia valenciano y catalán desde septiembre. (*He's been studying Valencian and Catalan since September.*)

(e) Toca la flauta desde los ocho años. (*He's been playing / He's played the flute since the age of eight / since he was eight.*)

Actividad 7.4

1 (a). The first member of the band plays the flute every day and practises with the band once a week. The second musician plays two hours a day, and the third practises all seven days of the week.

2 Here is a possible answer:

(a) Como tres veces al día.

(b) Salgo una vez a la semana.

(c) Hago deporte tres horas a la semana.

(d) Tengo 25 días de vacaciones al año.

(e) Viajo al extranjero una vez al año.

Actividad 7.5

Each inaccurate statement is shown underlined, with the correct statement in bold.

Es por la mañana.→ **Es por la noche.**

El papá está tocando la flauta.→ **El papá está tocando el piano.**

La mamá está comiendo.→ **Está cantando.**

El bebé está riendo. → **Está llorando.**

Actividad 8.1

1   (c).

2   (a) – (v), (b) – (iv), (c) – (i), (d) – (ii),
    (e) – (iii), (f) – (vi).

Actividad 8.2

Here is an example of a letter that Isabel
wrote from Calama, the largest oasis in the
Andean foothills.

> Calama, 5 de julio de 2004
>
> Querido papá:
>
> ¿Qué tal estás?
>
> Te escribo desde Calama, en el
> desierto de Atacama, en el norte de
> Chile. Calama es el punto de partida
> para una visita a la mina de cobre
> más grande del mundo, en
> Chuquimata. Esta mañana he visitado
> la mina y estoy muy impresionada.
> El paisaje de la mina es lunar. La
> visita guiada ha sido en autobús, y
> ha tardado 4 horas. En las minas el
> tráfico es al estilo inglés, ¡¡por la
> izquierda!! ¡Qué curioso!, ¿verdad?
> Bueno, ahora tengo que salir.
> Con mucho cariño,
> Isabel

EspejoCultural

1   (a) – (iv), (b) – (iii), (c) – (v), (d) – (ii),
    (e) – (i).

2   A – (b), B – (a), C – (c), D – (e), E – (d).

3   Gestures are normally used to highlight
    what someone is saying. In Latin cultures
    gestures are generally an important part
    of communication but their meaning and
    the range of gestures in use varies across
    generations, regions and countries. Of
    those illustrated, perhaps (D) and (E) are
    the ones least commonly used in the
    United Kingdom.

Enpocas**palabras**

1

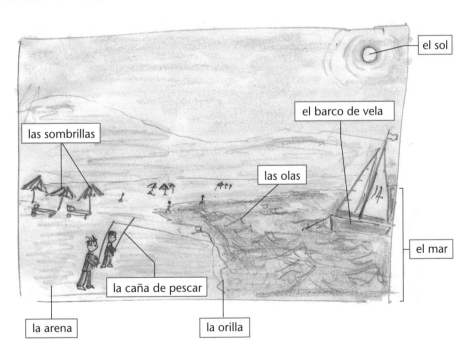

2 (a) – (iii). A beach is not usually described as 'modern'.

(b) – (ii). The water itself cannot be described as 'fun' in Spanish, though you could say *estar en el agua es divertido* ('being in the water is fun').

(c) – (i). Sand cannot be 'round'. A 'grain of sand' could be.

3 (a) – (iii), (b) – (ii), (c) – (v), (d) – (i), (e) – (iv).

Diario hablado

Here is a possible answer:

La playa está en Norfolk. Es muy larga y tiene la arena blanca y fina. El agua no es transparente y a veces hace viento y hay muchas olas en el mar. La gente pesca en la orilla. Me gusta tomar el sol, pasear por la orilla y nadar.

SESIÓN 9

EL CÓMIC

(a) Esta mañana, **he llevado a los niños** al colegio.

(b) Sí, sí, y luego, **he limpiado la casa.**

(c) Y después **he hecho la comida.**

(d) ¿**Has recogido a los niños** del colegio?

CADA PALABRA EN SU LIBRO

1 Here are the misplaced words back in their correct 'books'.

(a) las revistas, la poesía, los libros de viaje, los periódicos, **la novela.**

(b) la gasolinera, **la autopista**, el semáforo, la rotonda, el cruce.

(c) la internet, el móvil, el teclado, la pantalla, **el ordenador.**

(d) el mar, el sol, **la orilla**, la arena, el barco de vela.

2 (a) *La biblioteca*, (b) *La carretera*, (c) *Las tecnologías*, (d) *La playa*.

LA BANDA DEL PUEBLO

Begoña está hablando por el móvil.

Manolo está escribiendo una carta.

Josep está escuchando música.

Emilia está leyendo una revista.

MI GRAMÁTICA

1 The Present Progressive:

yo	estoy	lavando
tú	estás	comiendo
él/ella/Ud.	está	escribiendo
nosotros, -as	estamos	durmiendo
vosotros, -as	estáis	leyendo
ellos/ellas/Uds.	están	viendo

2 The Present Perfect:

yo	he	trabajado
tú	has	leído
él/ella/Ud.	ha	dormido
nosotros, -as	hemos	hecho
vosotros, -as	habéis	vuelto
ellos/ellas/Uds.	han	escrito

EL CANCIONERO

1 He plays three instruments: *el chistu*, *el acordeón* and *la pandereta*.

EMOTICONES

(b) Pedro y Asunción están enfadados. (*Remember that if one of two people mentioned is male, the corresponding adjective will take the masculine plural ending, in this case '-os'.*)

(c) Mis hermanas están sorprendidas.

(d) Mi amigo Juanma está triste.

(e) Isabel está nerviosa.

(f) Martita está mal / fatal.

DOCUMENTAL

(a) – (i), (b) – (iii), (c) – (ii), (d) – (ii), (e) – (i), (f) – (ii).

SESIÓN 10

Part A

Test your vocabulary

(a) alto. (*The others describe moods.*)

(b) banco. (*The others are related to roads.*)

(c) semáforo. (*The others are facilities of campsites.*)

(d) periódico. (*The others are associated with birthday parties.*)

(e) bolígrafo. (*The others are something you can read.*)

(f) también. (*The others are prepositions.*)

(g) sellos. (*The others are related to computers.*)

(h) cocinar. (*The others are possible uses of the Internet.*)

(i) esquiar. (*The others are activities one does on the beach.*)

(j) camarero. (*The others are related to music.*)

Revision   Going through the *Léxico básico* section of each session is a good way to revise vocabulary. You could also classify vocabulary by context, e.g. *En la carretera*, *En el camping*, *En la playa*. Or with the aid of questions: *¿Para qué uso la internet?*, *¿Qué hago en una biblioteca?*, etc.

Test your grammar

1   (a) están jugando

(b) están hablando

(c) está durmiendo

(d) está leyendo

(e) están dando

Revision   You can revise the present progressive in *Sesión 3*. Once you feel at ease with the formation of the regular present participle, you could concentrate on irregular ones. Make a list of them and form sentences that will help you to assimilate them.

2   Juego al golf **desde** los 18 años. ('Desde' *is used to say when an action started in the past.*)

Normalmente juego **con** unas amigas. ('Con' *is the equivalent of 'with'.*)

Solemos jugar **en** el club de golf que hay cerca de mi casa. ('En' *is used to locate places.*)

Vamos allí con bastante regularidad, en general, jugamos una vez **a** la semana. ('A' *is used in this type of construction to specify the frequency of an action.*)

Yo pienso que el golf es un ejercicio muy bueno **para** estar en forma, sin tener que correr. ('Para' *is used to express purpose.*)

Revision   Prepositions can be revised by going over *Sesión 5* again. *Desde* and *a* (in *una vez a la semana*), are explained in *Sesión 7*. You should keep a Prepositions section in your notebook in which to write down new uses of prepositions as you come across them.

3   (a) he tenido, (b) hemos ido, (c) hemos hecho, (d) hemos visto, (e) he vuelto.

Revision   Revise the formation of past participles in and the use of the present perfect in *Sesión 6*, paying special attention to the formation of irregular past participles.

Part B

Test your listening skills

(a) He feels great. He is tired but very relaxed and happy.

(b) He has had a walk on the beach, he has been sunbathing, he has been to the market and he has bought some seafood and fish.

(c) He is making a (seafood) paella.

> **Revision** If you got some of these questions wrong, listen to *Pista 61* again, then go through the transcript and write down any new vocabulary. If you find the speakers' accents or speed of delivery too challenging, read the transcript as you listen to the track again.

Part C

Test your speaking skills

Here is a possible answer:

- La señora está en un banquete de boda. es la boda de su hijo.

- Está con su hijo.

- Están bailando y hablando.

- La gente está hablando, comiendo y bebiendo.

- Ella está contenta y tranquila.

> **Revision** Listen again to what you recorded, and try to assess it following these guidelines.
>
> Check the grammar, paying particular attention to adjective agreement and the use of the present progressive.
>
> Check the vocabulary. Did you use appropriate adjectives to describe the seaside resort and your mood?
>
> Check the fluency. Were you reading? Were you too hesitant? Too slow?

> Check your pronunciation. Is it clear? Do the vowels sound 'Spanish' or is there too much interference from your native language pronunciation? Pay particular attention to how you pronounced the /th/ and the *j/ge/gi* sounds.
>
> Make a note of what you are not satisfied with and record it again. Try to speak just with notes or the photograph in front of you; avoid reading out a written text because it will give you a false sense of security.

Part D

Test your communication skills

1   (a) – (ii), (b) – (i), (c) – (v).

2   (a) The children's playground is behind the offices (number 3).

(b) The laundry is between the showers and the playground (number 2).

(c) The supermarket is in front of the laundry and between the two car parks (number 1).

3   Here is a possible answer:

El Puerto de Santa María, 5 de agosto de 2004

Querida Jane:

¿Qué tal estás? ¿Cómo está Oscar?

Yo estoy en un pueblo maravilloso, en la provincia de Cádiz, El Puerto de Santa María. Es el pueblo de Rafael Alberti, el famoso poeta español. Las casas son blancas con unos balcones preciosos. La playa es muy bonita, la arena es blanca y fina. Pero el viento del Levante es muy incómodo.

Hoy he bajado a la playa y he dado un paseo por la orilla hasta el límite con la base americana de Rota. He comido pescado y esta tarde ¡¡he dormido una siesta de dos horas!!

Bueno, ahora tengo que salir. Escríbeme pronto.

Un fuerte abrazo,

María

Revision Pay particular attention to the date and greetings and the structure of the letter (i.e. each paragraph having a function such as describing the place, or saying what you have done). Check the grammar, paying attention to adjective/ noun agreement, the use of the present perfect and of prepositions. Revise any vocabulary to do with the seaside that might have added more variety to your letter.

Transcripciones CD 4

[The music which starts and ends CD4 is an extract from a song called *Fiesta de boda* by David Snell.]

[Pista 1]

This is the CD for Book 4 of the Open University Spanish course for beginners, *Portales*.

Este es el Compacto de actividades 4 del curso de español Portales.

Pista 2

Listen to the following names of male family relations and say the feminine counterpart. Follow the examples.

Escuche y diga el femenino correspondiente.

Ejemplo 1

el hijo

la hija

Ejemplo 2

el hermano mayor

la hermana mayor

Ahora usted:

el hermano pequeño	la hermana pequeña
el padre	la madre
el marido	la mujer
el abuelo	la abuela
el nieto	la nieta
el tío	la tía
el sobrino	la sobrina
el primo	la prima

Pista 3

Listen to Paloma talking about a family photograph.

Escuche a esta chica hablar de una foto de familia.

(a) **Entrevistadora**   ¿Y este niño quién es?

   Paloma   Es mi primo Luis.

(b) **Entrevistadora**   ¿Y esta niña?

   Paloma   Es mi prima Raquel.

(c) **Entrevistadora**   ¿Y ésta?

   Paloma   Es mi hermana Amalia, la mayor.

(d) **Entrevistadora**   ¿Y esta señora?

   Paloma   Es mi tía.

(e) **Entrevistadora**   ¿Y éste?

   Paloma   Es mi tío, el hermano de mi padre.

Pista 4

Amalia is single and looking for a partner at a friend's party. Listen to the dialogue between Amalia and her friend while they are watching some people dance.

Amalia está en una fiesta. Escuche el diálogo con un amigo.

(a) –   Oye, ¿y éste?, ¿quién es?

   –   Es mi tío Pepe… y está casado.

(b) –   ¡Vaya! ¿Y éste?, ¡qué simpático! ¿Está casado?

   –   Bueno, está separado. Es el hermano de mi novia.

   –   ¿Separado?

   –   Sí… pero tiene pareja.

(c) –   Ya. ¡Uy, uy! ¿Y este de aquí?

   –   Pues es mi primo Juan. No está casado… , no tiene pareja, pero…

   –   ¡Qué bien! ¡Preséntame a tu primo!

   –   Bueno, sí. Muy bien, Amalia.

Pista 5

You are helping your friend to tidy up after the party, and find many things that guests have left behind. Use the prompts to say who the different things belong to. Follow the example.

Diga a quién pertenece cada objeto según las indicaciones.

Ejemplo

(bolso / María)

¡El bolso de María!

Ahora usted:

(llaves / tío Pepe)

¡Las llaves del tío Pepe!

(gafas / Juan)

¡Las gafas de Juan!

(cartera / mi primo)

¡La cartera de mi primo!

(móvil / Ana)

¡El móvil de Ana!

(agenda / Mercedes)

¡La agenda de Mercedes!

(niños / Mónica)

¡Hola!

¡Hola!

¡Los niños de Mónica!

Pista 6

Àgata is in the Hall of Mirrors at an amusement park in Santiago. Listen to how she reacts to the funny reflection.

Escuche las reacciones de Àgata.

(a) ¡Qué alta!	(f) ¡Qué mayor!
(b) ¡Qué baja!	(g) ¡Qué fuerte!
(c) ¡Qué gorda!	(h) ¡Qué guapa!
(d) ¡Qué delgada!	(i) ¡Qué fea!
(e) ¡Qué joven!	

Pista 7

A big family has just moved in next door to you. Answer some questions about them by using the prompts. Follow the example.

Conteste las preguntas según las indicaciones.

Ejemplo

¿Cómo son los papás?

(tall)

Son altos.

Ahora usted:

– ¿Cómo son los niños?

– (short)

– Son bajitos.

– ¿Cómo es el bebé?

– (plump)

– Es gordito.

– ¿Cómo es la tía?

– (young)

– Es joven.

– ¿Cómo es la abuela?

– (strong)

– Es fuerte.

– ¿Cómo es el novio de la abuela?

– (thin)

– Es delgado.

Pista 8

Now here are the words for the parts of the head and face. Listen and repeat.

Escuche las partes de la cara y la cabeza y repita.

la cabeza   el pelo   las orejas
las cejas   los ojos   la nariz   la boca
los labios   el bigote   la barba

Pista 9

Here's a description of a famous portrait by Cuban painter, Víctor Manuel García. It is called *La Gitana Tropical*.

Escuche la descripción de un famoso retrato cubano.

Es un retrato de una mujer joven y muy bella. Es morena. Tiene el pelo largo, negro y liso. Tiene los ojos oscuros. ¿Las cejas? Tiene las cejas finas... Tiene una boca pequeña y los labios gruesos. Es linda, muy linda. Y está en el Museo de Bellas Artes en La Habana.

Pista 10

Listen to what this student wears on specific occasions.

Escuche lo que esta estudiante se pone en determinadas ocasiones.

– ¿Qué te pones para ir a clase?
– Unos vaqueros y una camiseta.
– Y para salir, ¿qué te pones?
– Un vestido, una falda.
– ¿Y para ir a la playa?
– Pues el bikini o el bañador y un vestidito.
– ¿Y llevas guantes en invierno?
– Sí.
– ¿Y bufanda?
– También.

Pista 11

Now answer some questions about what clothes you wear on specific occasions. Choose the most appropriate item of clothing for each question. Follow the example.

Escoja la ropa más adecuada.

Ejemplo

Para ir a la playa, ¿qué se pone? ¿Unos guantes o un bañador?
Un bañador.

Ahora usted:

– En invierno, ¿qué lleva? ¿Un abrigo o ropa ligera?
– Un abrigo.
– Para ir de camping, ¿qué se pone? ¿Una camiseta o una corbata?
– Una camiseta.
– Para ir a una boda, ¿qué se pone? ¿Una bufanda o una chaqueta elegante?
– Una chaqueta elegante.

– Para ir a esquiar, ¿qué se pone? ¿Unas botas o unas sandalias?
– Unas botas.
– Y para ir a dormir, ¿qué se pone? ¿Un pijama o un suéter?
– Un pijama.

Pista 12

Two police officers are in a hotel lobby on the lookout for a suspect. Listen to their conversation over the walkie-talkies.

Escuche el diálogo entre dos policías.

Samanta ¡Atención! Llamando a Raúl. Raúl, sospechoso a la vista.

Raúl Samanta. ¡Estupendo! Describe al sospechoso.

Samanta Sí, Raúl. Es alto, moreno, pelo rizado…

Raúl ¿Ummm? ¿Y qué ropa lleva?

Samanta Lleva unos pantalones negros, una camisa blanca, y… lleva unas gafas de sol… El sospechoso tiene un walkie-talkie, y… viene hacia aquí. Y… pero Raúl, ¡¿eres tú!?

Pista 13

Listen to these opinions about what Valencians are like.

Escuche estas opiniones del carácter de los valencianos.

(a) – ¿Cómo son los valencianos?
   – Pues, simpáticos, abiertos, muy festivos y graciosos.

(b) – ¿Cómo son los valencianos?
   – Pues, alegres y festeros.

(c) – Los valencianos… ¡uy!, pues los valencianos somos amables, somos abiertos…

Pista 14

You have decided to stopped seeing a girl you met, and someone else is very curious to know why. Reply to her questions using the opposite adjective to the one you hear. Follow the example.

Conteste a las preguntas.

Ejemplo

¿Es nerviosa?

No, no, es tranquila.

Ahora usted:

– ¿Es antipática?
– No, no, es simpática.
– ¿Es cerrada?
– No, no, es abierta.
– ¿Es seria?
– No, no, es alegre.
– ¿Es aburrida?
– No, no, es divertida.
– Pero, bueno, ¿cuál es el problema?
– Pues, el problema es la comunicación: ella no habla español, ¡y yo no hablo su idioma!

Pista 15

Now practise the sound /g/, as it appears in different words. Listen and repeat.

Escuche y repita.

alguien	guitarra
Alguien guisa.	guitarra gallega
Miguel	amiguito
Miguel Guerra	amiguito guapo

Pista 16

Now listen to a very popular Cuban song, *Guantanamera*. The lyrics are by José Martí, a poet and a national hero in the fight for independence from Spain.

Ahora escuche una canción muy popular cubana: Guantanamera.

Yo soy un hombre sincero,
De donde crece la palma.
Yo soy un hombre sincero,
De donde crece la palma.
Y antes de morirme quiero
[Y] echar mis versos del alma.

Guantanamera, guajira
Guantanamera,
Guantanamera, guajira
Guantanamera.

Yo vengo de todas partes,
Y hacia todas partes voy.
Arte soy entre las artes,
En los montes, monte soy.
Arte soy entre las artes,
Y en los montes, monte soy.

Guantanamera, guajira
Guantanamera,
Guantanamera, guajira
Guantanamera.

Guantanamera, guajira
Guantanamera,
Guantanamera, guajira
Guantanamera.
Guajira Guantanamera, guajira
Guantanamera,
Guantanamera, guajira
Guantanamera…

Pista 17

Listen to some students from a technical college in Valencia expressing their opinions on different issues.

Escuche estas opiniones.

(a) – La televisión es muy educativa.

– No. No lo creo.

(b) – Las chicas estudian más que los chicos.

– Depende.

– Sí, yo estoy de acuerdo.

– Yo creo que sí.

(c) – El peor problema de España es el paro.
   – Estoy de acuerdo.
   – Sí, efectivamente.

(d) – La internet es el mejor avance tecnológico de este siglo.
   – Estoy de acuerdo.
   – Sí.

Pista 18

Now listen to the following statements and express your agreement or disagreement. Here is an example.

Escuche estas afirmaciones y dé su opinión.

Ejemplo

La televisión es muy educativa.

You could answer: Pues, depende.

or: Sí, tienes razón.

or: No, no estoy de acuerdo.

Your answer need not be like the model answer.

Ahora usted:

– La televisión es muy educativa.
– Depende.

– La internet es el mejor avance tecnológico del siglo XX.
– Estoy de acuerdo.

– En la actualidad leemos muy pocos libros.
– Es verdad.

– La comida es muy barata en su país.
– No estoy de acuerdo.

– Los jóvenes son muy consumistas.
– No estoy de acuerdo.

– Aprender español es muy fácil.
– Pues, depende, ¿no?

Pista 19

Now, here are some opinions of whether violence can be justified in the arts.

Escuche estas opiniones.

(a) Creo que es justificable la violencia, en algunas ocasiones.

(b) Yo creo que la violencia no es justificable para nada.

(c) Yo encuentro que la violencia en el cine es absurda.

Pista 20

First communions are big, festive occasions for many Catholic children in Spain. A girl of eight explains what she needs to do to prepare for it.

Escuche a esta niña.

Entrevistadora ¿Qué tienes que preparar para la primera comunión?

Niña Tengo que ir a la catequesis. Tengo que comprar el vestido. Tengo que arreglar los regalos para los invitados, y confesarme.

Pista 21

You are organizing your wedding. Answer your friend's questions using the prompts. Follow the examples.

Conteste las preguntas de su amigo[1] según las indicaciones.

Ejemplo 1

¿Qué tiene que hacer tu madre?

(organizar el banquete)

Tiene que organizar el banquete.

Ejemplo 2

¿Qué debe hacer tu padre?

(escribir las invitaciones)

Debe escribir las invitaciones

[1] This should say *amiga*, as the speaker is a woman.

Ahora usted:

– ¿Qué tiene que hacer tu hermano?
– (llamar al fotógrafo)
– Tiene que llamar al fotógrafo.

– ¿Qué debe hacer tu hermana?
– (comprar las flores)
– Debe comprar las flores.

– ¿Qué tienen que hacer tus amigos?
– (elegir la música)
– Tienen que elegir la musica.

– ¿Y tú, qué debes hacer?
– (comprar los anillos)
– Debo comprar los anillos.

– Bueno, y la novia, ¿qué tiene que hacer?
– (llegar puntual a la ceremonia)
– Pues la novia tiene que llegar puntual a la ceremonia y decir: "sí, quiero".

Pista 22

You are trying to work out what each member of your family wants for Christmas. For each statement ask for more details. Follow the example.

Pregunte a su familia cómo quieren los regalos de Navidad.

Ejemplo

Pues, yo quiero un bolso.
Y ¿cómo lo quieres?

Ahora usted:

– Y también quiero unas gafas de sol.
– Y ¿cómo las quieres?
– Pues, yo quiero unos pendientes.
– ¿Cómo los quieres?
– Y también quiero un perfume.
– ¿Cómo lo quieres?
– Yo quiero unos pañuelos.
– ¿Cómo los quieres?

– Pero… lo que yo realmente, realmente quiero es un ordenador.
– ¡Un ordenador! ¿Y cómo lo quieres?

Pista 23

Now practice the /k/ sound as it appears in different words. Listen and repeat.

Escuche y repita.

Quiero.	¿Quién cocina?
Quiero cantar.	Quinientos.
¿Qué?	Quinientos kilómetros.
¿Qué quieres?	Izquierda.
¿Quién?	Izquierda, derecha.

Pista 24

You are going with your family to the great Parque Metropolitano in Santiago de Chile. Suggest different activities to do there, using the prompts.

Proponga diferentes actividades según las indicaciones.

Ejemplo

(ir al parque Metropolitano)
¿Vamos al parque Metropolitano?

Ahora usted:

– (ir al parque Metropolitano)
– ¿Vamos al parque Metropolitano?

– (pasear por el jardín botánico)
– ¿Paseamos por el jardin botánico?

– (ir al zoológico)
– ¿Vamos al zoológico?

– (comer en el restaurante)
– ¿Comemos en el restaurante?

– (nadar en la piscina)
– ¿Nadamos en la piscina?

– (subir en el teleférico)
– ¿Subimos en el teleférico?

Pista 25

A friend wants to show you round Santiago. Accept or decline his suggestions, translating the English prompts. Follow the example.

Acepte o rechace las propuestas.

Ejemplo

¿Vamos al planetario?

(Sorry, I can't today.)

Lo siento, hoy no puedo.

Ahora usted:

– ¿Quieres visitar el Parque de las Esculturas?
– (Sorry, I've got to work.)
– Lo siento, tengo que trabajar.

– ¿Te gustaria ir a la Plaza de Armas?
– (Sorry, I'm very busy.)
– Lo siento, estoy muy ocupada.

– ¿Te apetece ir al Museo Nacional?
– (Sorry, I don't have the time.)
– Lo siento, no tengo tiempo.

– ¿Vamos al Cementerio General?
– (Sorry, I don't like cemeteries.)
– Lo siento, no me gustan los cementerios.

– Bueno… ¿Quieres ir de compras a Providencia?
– (Accept happily.)
– ¡Estupendo!, ¡genial!, ¡regio!…

Pista 26

Now our friends from el Café del Juglar will sing a traditional Latin American song, *Cielito lindo*.

Escuche esta canción tradicional latinoamericana.

De la Sierra Morena,
Cielito lindo,
Vienen bajando
Un par de ojitos negros,

Cielito lindo,
De contrabando.

Ay, ay, ay, ay,
Canta y no llores
Porque cantando se alegran,
Cielito lindo, los corazones.

Ese lunar que tienes, cielito lindo,
Junto a la boca,
No se lo des a nadie, cielito lindo,
Que a mí me toca.

Ay, ay, ay, ay,
Canta y no llores
Porque cantando se alegran,
Cielito lindo, los corazones.

Ay, ay, ay ay,
Canta y no llores
Porque cantando se alegran,
Cielito lindo, los corazones.

Pista 27

DOCUMENTAL 1
Los jóvenes españoles

And now here is a new edition of the documentary series En portada. *This programme is about young people in Spain. Although it is difficult to generalize, there are certain features that young people share in Spain. Let's find out what they are.*

Hola a todos y bienvenidos a *En portada*. El programa de hoy está dedicado a los jóvenes españoles. ¿Cómo son estos chicos?

Según estudios recientes, los jóvenes del siglo XXI son más altos y más ricos que la generación anterior. Son seguros, conservadores y bastante consumistas.

En relación a su formación, la juventud actual está muy bien preparada. Por ejemplo, habla varios idiomas y, naturalmente, utilizan las nuevas tecnologías sin ningún problema. Aquí tienen varios ejemplos de jóvenes valencianos.

Primero nos habla Nuria, de 17 años.

Hablo castellano, hablo valenciano y un poquito de inglés. Estudio música y además estudio periodismo en la universidad. Quiero ser periodista. Utilizo el ordenador bastante… eh… sobre todo en internet y para enviar cartas. Suelo leer el periódico todos los días y el periódico que leo es *El Levante*.

Bueno, pero muchos jóvenes son como Adrián, de 18 años.

Hablo español, valenciano y un poco de inglés. Uso poco los ordenadores. Tengo uno en casa y casi no me sirve para nada.

¿Lees el periódico a menudo?

Leo el periódico poco, relativamente poco.

Estos jóvenes hablan varios idiomas, utilizan internet sin problemas, leen el periódico… bueno, algunos. Pero no son chicos serios, les encanta salir por la noche, ir a los bares, ir a bailar, etcétera.

Esta es Amparo, de 19 años.

En mi tiempo libre salgo por ahí con mis amigos, también con mi novio. Ahora en verano, pues voy a la playa, a la piscina,… los sábados por la noche, pues salgo a bailar un rato, y demás.

Y este es nuestro amigo Adrián.

En mi tiempo libre salgo con mis amigos, con mi novia. Salgo a la discoteca. Me gusta ir a los bares a comer de tapas.

Y algo muy característico de los países mediterráneos… la familia juega un papel importante en sus vidas: los jóvenes españoles suelen vivir en casa de sus padres hasta los 25 o 30 años. En muchas casas españolas, esta escena puede ser típica… bueno, con cierta exageración.

Madre Paquito, son las siete y media. ¡Es muy tarde!

Hijo No, mamá, no. ¡No quiero ir al colegio!

Madre Venga, levántate, tienes que ir al colegio.

Hijo ¿Y por qué tengo que ir al colegio?

Madre Mira, hijo, por dos razones fundamentales: una, tienes 35 años, y otra, eres el director del colegio.

Pista 28

You've got to collect someone you don't know from the airport. Her daughter describes her to you.

Escuche la descripcion de esta persona.

Es una señora mayor, bajita y gordita. Tiene el pelo blanco y corto. Tiene los ojos negros y una boca pequeña. Lleva una falda azul y una blusa blanca. También lleva una chaqueta azul. Es muy simpática y divertida. No es tímida. Seguro que te gusta.

Pista 29

Now *Español de bolsillo*. Here are all the phrases that are featured in this unit.

Ahora escuche las frases del Español de bolsillo *que aparecen en esta unidad.*

¿Y este niño? ¿Quién es?

Es mi primo Luis.

¿Y esta? ¿Quién es?

Es mi hermana, la mayor.

Pista 30

¿Está casado?

Es soltero.

Está separado.

Está divorciado.

Está viudo.

Tiene pareja.

Pista 31

¡Qué alta!

¡Qué baja!

¡Qué joven!

¡Qué fuerte!

Pista 32

¿Cómo son los niños?

Son bajitos.

¿Cómo es la tía?

Es joven.

Pista 33

¿Qué te pones para ir a clase?

Unos vaqueros.

Y para salir, ¿qué te pones?

¿Y llevas guantes en invierno?

Pista 34

¿Qué ropa lleva?

Lleva unos pantalones negros.

Lleva unas gafas de sol.

Pista 35

¿Qué tiene que hacer tu hermano?

Tiene que llamar al fotógrafo.

¿Y tú? ¿Qué debes hacer?

Debo elegir los anillos.

Pista 36

Yo quiero un bolso.

¿Cómo lo quieres?

Yo quiero unas gafas de sol.

¿Cómo las quieres?

Pista 37

¿Vamos al planetario?

¿Te apetece ir al parque?

¿Te gustaría ir a la plaza?

¿Quieres ir de compras?

Lo siento, no tengo tiempo.

¡Estupendo! ¡Genial! ¡Regio!

Pista 38

A group of friends meet in the Barrio Bellavista, a bohemian quarter in Santiago, north of the River Mapocho. Listen to their conversation.

Escuche esta conversación.

– Hola, Fernando. ¿Cómo estas?

– Estoy muy bien. Ahora no tengo que trabajar. ¡Estoy de vacaciones!

– ¡Qué suerte! ¿Y tú, Ignacio?, ¿cómo te encuentras?

– Regular. No me encuentro muy bien, voy al médico esta tarde.

– Pues, lo siento. Y Paloma, ¿tú cómo estás?

– Estoy muy contenta. Hoy es mi cumpleaños.

– ¡Felicidades!

– Gracias.

– Cumpleaños feliz,
Cumpleaños feliz,
Te deseamos todos
Cumpleaños feliz.

– ¡Bien!

Pista 39

Now use the prompts to say how you feel. Remember to use the right gender of the adjective for yourself. Follow the example.

Conteste las preguntas según las indicaciones.

Ejemplo

¿Qué tal? ¿Cómo te encuentras?

Estoy tranquilo.

Estoy tranquila.

Ahora usted:

– ¿Qué tal? ¿Cómo estás?

– (fine)

– Estoy bien.

– ¿Qué tal?, ¿cómo te encuentras?

– (sad)

– Estoy triste.

– Hola, ¿cómo estás?

– (happy)

- Estoy contento.
- Estoy contenta.

- ¿Qué tal? ¿Cómo estás?
- (so, so)
- Estoy regular.
- Hola, ¿qué tal estás?
- (awful)
- Estoy fatal.

- ¿Cómo te encuentras?
- (nervous)
- Estoy nervioso.
- Estoy nerviosa.

Pista 40

Here are our friends from the Barrio Bellavista after a night out dancing in a *salsoteca*. Listen to how they feel now.

Escuche cómo se encuentran los amigos.

- Fernando, ¿qué tal estás ahora?
- Estoy muy relajado. Me encanta bailar salsa.
- ¿Y tú, Paloma, cómo estás?
- Estoy muy cansada. Necesito dormir.
- Ignacio, ¿y tú? ¿Cómo te encuentras?
- Estoy deprimido. ¡Las muchachas no quieren bailar conmigo!

Pista 41

Now for some practice of the /th/ sound, which you will hear mainly in Peninsular Spanish. Listen and repeat.

Escuche y repita.

el cruce	el accidente
los servicios	la bicicleta
las indicaciones	izquierda
la ciudad	la cerveza

Pista 42

Now listen to those words again, pronounced by a Latin American speaker of Spanish.

Ahora escuche las mismas palabras pronunciadas por un latinoamericano.

el cruce	el accidente
los servicios	la bicicleta
las indicaciones	izquierda
la ciudad	la cerveza

Pista 43

You are going to a campsite in Peñíscola, north of Valencia. Listen carefully to these directions. Don't get lost!

Escuche con atención estas indicaciones. ¡No se pierda!

- Por favor, ¿para ir al camping de Peñíscola?
- Sí, mire, tiene que tomar la autopista A7 dirección norte… mmm. Luego tiene que salir de la autopista por la salida 43. Muy cerca… a ver, sí, a unos 300 metros hay una rotonda. Tome… ¿la primera?… sí, la primera carretera y siga todo recto hasta una gasolinera. El camping está allí, justo después de la gasolinera.

Pista 44

No wonder you got lost! Listen to the same directions but at the beep, repeat the key words as if you were jotting them down. There's an example first.

Ahora escuche y repita las palabras claves.

> ### Ejemplo
> Sí, mire, tiene que tomar la autopista A7, dirección norte.
>
> A7, dirección norte.

Ahora usted:

- Luego, tiene que salir de la autopista por la salida 43.
- Salida 43.
- Muy cerca… a ver, sí, a unos 300 metros hay una rotonda.
- A 300 metros, rotonda…
- Tome la primera, sí, la primera carretera…
- La primera carretera.

- Siga todo recto hasta una gasolinera.
- Todo recto. Hasta gasolinera.
- El camping está justo después de la gasolinera.
- Después de gasolinera.
- Mm. A7, salida 43… gasolinera, no, no, no… rotonda…
- Por favor, ¿puede repetirlo todo?

Pista 45

Ana is trying to contact different people for Julián's surprise birthday party but everyone seems to be doing something. Listen to the different phone conversations.

Escuche las distintas conversaciones telefónicas.

(a) **Secretaria**   Departamento de ventas, ¿dígame?

   Ana   Buenas tardes, ¿con el señor Rodríguez?

   Secretaria   Un momentito, por favor… Mire, está hablando por el otro teléfono. ¿Quién le llama?

(b) **Carmen**   ¿Bueno?

   Ana   Carmen, ¡hola! ¿Qué tal estás? Mira, …

   Carmen   Perdona, Ana, pero estoy manejando. Luego te llamo.

(c) **Alba**   ¿Diga?

   Ana   Hola, Alba. ¿Está tu papi? Soy Ana.

   Alba   Un momento, voy a ver…
   ¡PAPÁ, PAPÁ, AL TELÉFONO!

   Padre   ESPERA, PREGUNTA QUIÉN ES…

   Alba   Ana, papá no se puede poner. Está… está… está pensando.

Pista 46

Preparations for Julián's surprise birthday party are under way when he rings up. Try to keep the secret from him, using the prompts. Follow the example.

Conteste las preguntas según las indicaciones.

Ejemplo

Hola, ¿qué estás haciendo?
(escuchar música)
Estoy escuchando música.

Ahora usted:

- ¿Y qué está haciendo Raquel?
- (jugar a las cartas)
- Está… está jugando a las cartas.
- Y, ¿Juan qué está haciendo?
- (tomar el sol)
- Está tomando el sol.
- Ajá. ¿Y Anabel? ¿Qué está haciendo?
- (escribir cartas)
- Está escribiendo cartas, sí.
- Ya. ¿Y Ana?, ¿qué está haciendo?
- (cocinar)
- Está… cocinando.
- Y, Susana, ¿qué está haciendo?
- (limpiar)
- Está limpiando. ¡Ay!, ¡el globo!
- Pero, bueno, ¿qué están haciendo?
- Nada, estamos viendo la tele y hay una fiesta con globos.

Pista 47

Listen to three people saying what they like reading.

Escuche a estas tres personas.

(a) – ¿Qué te gusta leer?
   – Normalmente todo, si está bien escrito. Mi predilección… eh… la prosa de viajes, la novela y la poesía.

(b) – Me gustan mucho los libros… eh, de la novela histórica: Tania Kinkel, es una autora alemana…

(c) – A mí me gusta la novela en castellano actual y también, eh… el leer ensayos.

Pista 48

The Biblioteca Nacional de Chile is one of the oldest in Latin America. Listen to these requests in the library.

Escuche estas preguntas en la biblioteca.

- Por favor, ¿me escribe la referencia de este libro aquí? No tengo mis gafas y…
- Pero…
- Por favor, ¿me enseña el catálogo del Fondo General?
- ¡Un momento!
- Disculpe, ¿me puede decir dónde está la sección chilena?
- Y ustedes ¿me dejan leer mi libro? Yo no trabajo aquí.

Pista 49

Listen to some students in Valencia saying where they use the Internet.

Escuche a estos estudiantes.

(a) – Y la internet, ¿la usas?
  – Sí.
  – ¿Dónde? ¿En la academia o en casa?
  – En casa de mis amigas.
(b) – ¿Y la internet también la usas?
  – Sí. De vez en cuando en los cibercafés.
(c) – Y la internet ¿también la usas?
  – Poco.
  – ¿Cuándo, en casa o aquí?
  – En casa de los amigos.
(d) – Sí, sí que tengo internet en casa.
(e) – Sí, tengo internet en casa.
(f) – ¿Usas la internet en casa?
  – Sí, a menudo.

Pista 50

What do these people use the internet for? Listen to their replies.

¿Para qué usan estas personas la internet? Escuche sus respuestas.

(a) – ¿Para qué usas internet?
  – Pues, para enviar mensajes a móviles, para chatear con amigos, para buscar información.
(b) – ¿Y entonces utilizas internet?
  – Sí, sí que utilizo internet, sí. Entro y consulto los periódicos, por ejemplo, o el correo electrónico que es lo típico.
(c) – ¿Usa usted internet?
  – No, no lo uso pero mis hijos y mis nietos sí.

Pista 51

You have been asked to be the interpreter in this survey about mobile phones. Translate the English prompts into Spanish.

Traduzca las respuestas a una encuesta sobre los móviles.

- ¿Bueno, y usted ¿dónde utiliza el móvil?
- (on my travels)
- En mis viajes.
- Y ¿para qué lo utiliza?
- (to speak and…)
- Para hablar y…
- (to send text messages)
- Para mandar mensajes.
- ¿Con quién habla por el móvil?
- (with my friends)
- Con mis amigos.
- ¿Y adónde envía los mensajes?
- (to many foreign countries)
- A muchos países extranjeros.
- ¿Perdone, y de dónde es usted?
- (I'm from England)
- Soy de Inglaterra.

Pista 52

Listen to this description of a traditional fishing village in the province of Cádiz, Zahara de los Atunes. Has it changed much?

Escuche esta descripción de Zahara de los Atunes. ¿Ha cambiado mucho?

Si, el pueblo ha cambiado bastante. Han construido hoteles y apartamentos nuevos. Han arreglado las carreteras. Han abierto muchas tiendas nuevas, para el turismo, etcétera. Pero hay dos cosas que no han cambiado: el famoso viento del Este, el Levante, y la playa, enorme, de arena fina, y maravillosa.

Pista 53

You are in Zahara de los Atunes. After a day on the beach you don't feel too well. Use the prompts to answer your friend's questions. Follow the example.

Conteste las preguntas de su amigo según las indicaciones.

Ejemplo

Pero bueno, tú estás fatal. ¿Has estado en la playa?

(sí)

Sí, he estado en la playa.

Ahora usted:

– Ya, y… ¿has comido mucho?

– (no)

– No, no he comido mucho.

– ¿Has tomado el sol?

– (sí)

– Sí, he tomado el sol.

– ¿Has dado un paseo largo?

– (sí)

– Si, he dado un paseo largo.

– ¿Has nadado en el mar?

– (sí)

– Sí, he nadado en el mar.

– ¿Has bebido?

– (sí)

– Sí, he bebido.

Pista 54

Now say what you've done recently using the prompts. Follow the example.

Ahora diga qué ha hecho recientemente, según las indicaciones.

Ejemplo

¿Qué has hecho hoy?

(trabajar)

He trabajado.

Ahora usted:

– ¿Qué has hecho esta mañana?

– (ir de compras)

– He ido de compras.

– ¿Qué has hecho al mediodía?

– (comer en casa)

– He comido en casa.

– ¿Qué has hecho esta tarde?

– (escribir una carta)

– He escrito una carta.

– ¿Qué has hecho estos días?

– (leer novelas)

– He leído novelas.

– ¿Qué has hecho esta semana?

– (ver a mis hermanos)

– He visto a mis hermanos.

– Y este mes, ¿qué has hecho?

– Pues, este mes… no me acuerdo.

Pista 55

Now you are going to practise a very Spanish sound, /x/. It's very important in words like *ajo* ('garlic') or *jamón* ('ham'). Listen and repeat.

Escuche y repita.

Me gusta el jamón con ajo.

Mi jefa se llama Gema.

Jaime juega con José.

Mucha gente hace gimnasia.

Tengo una caja roja.

La jirafa sube la Giralda.

Pista 56

Listen to the sound of these instruments and see if you can say what they are before the player tells you.

Escuche los sonidos de estos instrumentos e identifíquelos antes que el músico.

(a) – ¿Qué instrumento tocas?

   – (*sound of instrument*)

   – Toco la tuba.

(b) – ¿Qué instrumento tocas?

   – (*sound of instrument*)

   – La flauta.

(c) – ¿Qué instrumento tocas?

   – (*sound of instrument*)

   – La guitarra.

(d) – ¿Qué instrumento tocas?

   – (*sound of instrument*)

   – El clarinete.

(e) – ¿Y qué toca usted? ¿Qué instrumento toca usted?

   – (*sound of instrument*)

   – El acordeón, toco el acordeón.

Pista 57

Now use the prompts to say since when you started doing a particular thing. Follow the example.

Conteste las preguntas según las indicaciones.

Ejemplo

¿Desde cuándo toca el piano?

(los quince años)

Desde los quince años.

Ahora usted:

– ¿Desde cuándo juega al golf?

– (el año pasado)

– Desde el año pasado.

– ¿Desde cuándo vive en Barcelona?

– (el 2000)

– Desde el 2000.

– ¿Desde cuándo está casado?

– (diciembre del 94)

– Desde diciembre del 94.

– ¿Desde cuándo estudia español?

– (noviembre)

– Desde noviembre.

– Pues lo habla muy bien.

– Gracias.

Pista 58

Some young musicians from Valencia's music school say how regularly they practise.

Los jóvenes músicos hablan de sus prácticas.

(a) – ¿Cuántos días a la semana ensayas?

   – La flauta la toco todos los dias, y con la banda ensayo un día a la semana.

(b) – ¿Cuántas horas tocas al día?

   – Toco alrededor de dos horas.

(c) – ¿Cuántos días ensayas a la semana?

   – Todos los días.

   – ¿Incluso sábado y domingo?

   – ¡Sí!

Pista 59

Now listen to this popular song from the North of Spain. It's about the town mayor, who is very musically gifted.

Escuche esta canción del norte de España, sobre un alcalde muy musical e ilustrado.

El alcalde de mi pueblo tiene mucha ilustración,
El alcalde de mi pueblo tiene mucha ilustración,
Y sabe tocar el chistu,

Y un poquito el acordeón,
Y toca la pandereta y se llama
Pantaleón.

Pantaleón, Pantaleón,
Pantaleón, Pantaleón,
Pantaleón, Pantaleón,
Pantaleón.
Pantaleón, Pantaleón,
Pantaleón, Pantaleón,
Pantaleón, Pantaleón,
Pantaleón.

Arriba, abajo,
Arriba, abajo,
Arriba, abajo,
Arriba.
Pantaleón, Pantaleón,
Pantaleón, Pantaleón,
Pantaleón, Pantaleón,
Pantaleón.

Y sabe tocar el chistu,
Y un poquito el acordeón,
Y toca la pandereta y se llama
Pantaleón.

Pantaleón, Pantaleón,
Pantaleón, Pantaleón,
Pantaleón, Pantaleón,
Pantaleón.
Pantaleón, Pantaleón,
Pantaleón, Pantaleón,
Pantaleón, Pantaleón,
Pantaleón.

Pista 60

DOCUMENTAL 2
La Albufera

Now its time for another edition of the documentary series En portada. *In this programme you're going to visit a nature reserve 15 kilometres south of Valencia. La Albufera is a lake surrounded by wetland, dunes and rice fields, a paradise for all types of bird – and birdwatchers.*

Hola a todos y bienvenidos a *En portada*. En el programa de hoy vamos de excursión al Parque Natural de La Albufera con una compañera nuestra, Julia.

Julia está hoy muy contenta. Ha decidido visitar el Parque Natural de La Albufera. Su pasión son las aves y el parque es una zona de protección especial de las aves.

Julia está ahora en el centro de Valencia y ha entrado en una oficina de Información y Turismo. Quiere saber cómo puede ir a la Albufera.

Julia ¿Y para ir a la Albufera?, ¿qué tenemos que hacer?

Recepcionista Para ir a la Albufera deben de tomar el autobús que se llama El Saler.

Julia ¿Cuánto tarda el autobús en llegar a la Albufera?

Recepcionista En llegar a la Albufera el autobús tarda unos tres cuartos de hora o cuarenta y cinco minutos.

La Albufera está al sur de Valencia, a unos 11 kilómetros[2]. El autobús, que se llama El Saler, ha tardado cuarenta y cinco minutos. Julia está ahora en el parque entre dunas y pinos.

(*sound of birds*)

La Albufera es una zona húmeda de gran importancia ecológica, la segunda más importante de la Península Ibérica.

Es un destino popular de excursiones desde Valencia. ¿Qué gente viene al parque? Julia le pregunta a un biólogo que trabaja en el Centro de Información de La Albufera, José Luis Terraza.

Julia Y aquí en el parque, ¿qué gente suele venir?

José Luis Terraza En principio de todo tipo, sobre todo niños, colegios.

Julia ¿Y cuándo suelen venir? ¿Qué época del año?

José Luis Terraza Sobre todo la primavera, y durante el otoño y el invierno también.

[2] This should say *15 kilómetros*.

Vienen niños, colegios, bueno, y jóvenes, mayores. Vienen en todas las estaciones, excepto en verano. En verano hace mucho calor aquí.

Julia ¿Qué dice la gente del parque?

José Luis Terraza Están muy contentos por su riqueza natural.

Julia se acerca a algunos visitantes del parque y les pregunta si les ha gustado.

Julia ¿Le ha gustado el parque?

Visitante 1 Sí, mucho, sí.

Julia ¿Qué le ha gustado más?

Visitante 1 Me ha gustado, pues… los lagos artificiales que tiene y el observatorio de las aves.

Julia ¿Le ha gustado el parque?

Visitante 2 Sí, lo he encontrado muy interesante.

Julia ¿Qué le ha gustado más de la Albufera?

Visitante 2 Yo diría que las especies que hay de aves que son muchas.

Esta es la opinión de algunos visitantes: les han gustado los lagos, las especies de aves, hay muchas especies… pero shhh… (*sound of birds*).

Ahora Julia ha entrado en un observatorio de aves y está observando algunos pájaros. Unos están bebiendo, otros están comiendo, otros están volando…

¡Qué maravilla! Julia, ¿me prestas los binoculares?

Pista 61

Elena rings her friend Luis, who has gone on holiday to the seaside. Listen to their phone conversation.

Elena llama a su amigo. Escuche la conversación telefónica.

Luis Sí, ¿diga?

Elena Hola Luis, soy Elena.

Luis ¡Hola, Elena! ¡Qué alegría! ¿Qué tal?

Elena Muy bien, ¿y tú cómo estás?

Luis Pues, estoy fenomenal. Hoy estoy cansado pero muy relajado y contento.

Elena ¿Sí? ¿Y qué has hecho hoy?

Luis Pues hoy he dado un paseo por la playa, he tomado el sol, he ido al mercado y he comprado marisco y pescado.

Elena Hijo[3], ¡qué bien! ¡Qué maravilla!

Luis … y ahora estoy preparando una paella de marisco.

Elena Oye, ¿y me invitas a pasar unos días? Necesito unas vacaciones urgentemente…

Pista 62

A group of friends and children have gone camping to Cullera, 20 kilometres south of La Albufera, in the province of Valencia. Listen to what they are doing at the moment.

Escuche esta conversación.

- ¿Dónde está Juanito?
- Juanito está jugando en el parque infantil.
- ¿Y Ana? ¿Dónde está?
- Ana está lavando la ropa.
- ¿Y Paco?
- Paco está haciendo la compra.

Pista 63

Now listen to these directions in the campsite.

Escuche las indicaciones dentro del camping.

- Por favor, ¿para ir al parque infantil?
- Sí, muy fácil. Está aquí, detrás de las oficinas.
- ¿Para lavar la ropa?
- Sí. La lavandería está aquí entre las duchas y el parque infantil.
- ¿Para hacer la compra?
- Sí, hay un supermercado delante de la lavandería, entre dos aparcamientos.

[3] *Hijo* is used as an affectionate term here; it does not mean 'son'.

Pista 64

Now *Español de bolsillo*. Here are all the phrases that are featured in this unit.

Ahora escuche las frases del Español de bolsillo *que aparecen en esta unidad.*

¿Qué tal? ¿Cómo estás?

Estoy muy bien. Estoy de vacaciones.

¡Qué suerte!

¿Cómo te encuentras?

Estoy regular. No me encuentro bien.

Pista 65

Por favor, ¿para ir al camping de Peñíscola?

Sí, mire, tiene que tomar la autopista A7.

Tome la primera carretera.

Luego siga todo recto hasta la gasolinera.

Pista 66

Buenas tardes, ¿con el señor Rodríguez?

Un momentito, por favor.

¿Quién le llama?

Voy a ver.

No se puede poner.

¿Bueno?

Estoy manejando.

Pista 67

¿Qué estás haciendo?

Estoy escuchando música.

¿Qué está haciendo Raquel?

Está jugando a las cartas.

Pista 68

¿Para qué utiliza el móvil?

Para enviar e-mails.

¿Con quién habla?

Con mis amigos.

Pista 69

¿Qué has hecho esta mañana?

He ido de compras.

¿Qué has hecho al mediodía?

He comido pescado.

¿Qué has hecho este mes?

No me acuerdo.

Pista 70

¿Desde cuándo juegas al golf?

Juego al golf desde el 2000.

¿Desde cuándo estudias español?

Estudio español desde noviembre.

Pista 71

¿Cuántos días a la semana ensayas?

Un día a la semana.

¿Cuántas horas tocas al día?

Toco alrededor de dos horas.

(Este es el final del Compacto de actividades 4.)

Acknowledgements

Grateful acknowledgement is made to the following sources for permission to reproduce material within this book:

Photographs

Pages 8, 13 (i) and (iii), 23, 25 (a), 34 (bottom right), 54, 56, 68, 82 (b), (c) and (d), 98 (a)–(d), (f) and 114: Courtesy of María Iturri Franco; *pages 9 and 25 (c)*: Courtesy of Carlos Torranzos; *pages 16 and 17*: Jim Steinhart of www.PlanetWare.com; *page 18*: © Museo Nacional de Bellas Artes, La Habana, Cuba; *pages 20 (top) and 112*: Courtesy of William Moult; *(bottom)*: Tony Morrison/South American Pictures; *page 25 (b)*: Courtesy of Fernando Rosell Aguilar; *(d)*: Courtesy of Elena Torres Quevedo; *pages 34 (left) and 39*: Courtesy of Rosa Calbet Bonet; *(top right)*: Courtesy of Enilce Northcote Rojas; *page 35*: Courtesy of Concha Furnborough; *page 49*: © Museo del Prado, Madrid; *pages 50 and 62*: © The Nobel Foundation; *page 73*: Courtesy of Turespaña; *page 82 (a)*: Courtesy of Liliana Clements de Torero; *page 90*: Courtesy of Cristina Ros i Solé; *page 94*: © Ediciones Pajares; *page 96 (top)*: Courtesy of Stefan Fueglistaler @ www.grain.ch; *(left)*:© Iberimage; *(right)*: Courtesy of Turespaña; *page 98 (e)*: Courtesy of Malihé Sanatian; *page 102*: Courtesy of Gloria Iturri; *page 103, clockwise from top (left)*: Norberto Seebach, Courtesy of Corporación de Promoción Turística de Chile, Santiago de Chile, from CD *Chile en imágenes*, also www.visitchile.org.; © Hispapel Ltda.; Editorial Fotográfica Huber y Cía. Ltda.

Cartoons

Pages 15, 47, 107 and 109 by Roger Zanni; *page 101*: Tornado Films, S.A.

Cover photo: © Richard Glover/CORBIS, church of San Juan Chamula, Chiapas, Mexico.

Every effort has been made to contact copyright owners. If any have been inadvertently overlooked, the publishers will be pleased to make the necessary arrangements at the first opportunity.

A guide to Spanish instructions

Anote	*Note down*
Busque	*Look for, find*
Compruebe	*Check*
Conteste (las preguntas)	*Answer (the questions)*
Corrija los errores	*Correct the mistakes*
Dé (consejos / su opinión)	*Give (advice / your opinion)*
Diga (si está de acuerdo)	*Say (if you agree)*
Elija (la opción correcta)	*Choose (the correct option)*
Enlace	*Match up*
Escoja (la palabra adecuada)	*Choose (the right word)*
Escriba (frases)	*Write (sentences)*
Escuche de nuevo / otra vez	*Listen again*
Explique	*Explain*
Grábese en su cinta	*Record yourself*
Haga sugerencias	*Make suggestions*
Lea	*Read*
Mire (los dibujos)	*Look at (the drawings)*
Observe	*Look (closely) at*
Ordene los diálogos	*Put the dialogues in order*
Participe	*Take part*
Ponga	*Put*
Pregunta	*Ask*
Rellene los espacios	*Fill in the gaps*
Subraye	*Underline*
Sugiera	*Suggest*
Tache	*Cross out / Cross off*
Termine las siguientes frases	*Finish the following sentences*
Traduzca	*Translate*
Utilice	*Use*
¿Verdadero o falso?	*True or false?*